L'AISNE PENDANT LA GRANDE GUERRE

GABRIEL HANOTAUX

de l'Académie française.

Books On Demand

Copyright © 2022 by Culturea
Édition : Culturea 34980 (Hérault)
Impression : BOD - In de Tarpen 42, Norderstedt (Allemagne)
ISBN : 9782382743874
Dépôt légal : Octobre 2022
Tous droits réservés pour tous pays

PRÉFACE

CHAPITRE PREMIER. — Géographie militaire de l'Aisne.

CHAPITRE II. — Les batailles de l'Aisne.

CHAPITRE III. - La bataille de Guise-Saint-Quentin (28-30 août 1914).

CHAPITRE IV. — Dans la Bataille.

CHAPITRE V. — Sous les obus. - La population civile pendant la Guerre.

CHAPITRE VI. — Saint-Quentin.

CHAPITRE VII. — De Compiègne à Saint-Quentin : la région dévastée.

CHAPITRE VIII. — Après la défaite allemande : Le ravage de l'Aisne (octobre 1918).

CHAPITRE IX. — L'Aisne à la victoire.

CHAPITRE X. — Conclusion : l'Aisne dévastée.

PRÉFACE. — UN PROGRAMME : TRAVAIL, RÉPARATION.

La bibliothèque qui parait sous le patronage du Comité France-Amérique et dont ce petit livre fait partie, est consacrée à la *France dévastée*. En publiant ce recueil d'études sincères le Comité a voulu, d'abord, fixer à jamais le terrible spectacle que nos yeux ont vu, faire en sorte que le souvenir de ces choses ne s'efface pas. Il entend que le monde sache, que l'avenir sache ce que la France a souffert et ce que la haine de ses ennemis lui a fait endurer.

Mais l'activité humaine ne s'attarde pas à la contemplation des ruines. Les populations frappées nous ont donné l'exemple : elles sont revenues pour reconstruire ; elles sont déjà au travail pour réparer. Pour qu'une action soit efficace, il faut un programme.

Après six mois de réflexion (c'est-à-dire de souffrances. prolongées), est-il trop tôt pour tracer ce programme, du moins dans ses grandes lignes ?

Non. Hésiter, maintenant, serait reculer. Attendre serait lâcher pied. Hâtons-nous ! Les ruines même périssent.

Au travail donc, avec méthode, avec énergie, avec foi !

Les hommes oublient vite ; ils oublient même tes calamités, — surtout si elles ne les ont pas frappés eux-mêmes. Notre génération assiste, avec un sang-froid invraisemblable, aux terribles malheurs qui se sont abattus sur lune des plus belles et des plus nobles parties de la France, les départements du Nord-Est.

L'hiver qui s'achève a vu des populations urbaines et rurales sans asile, sans gite, sans foyer, se hâtant, malgré tout, de regagner leurs ruines et de s'y terrer comme des renards, pour reprendre possession de la terre et de la vie qui avaient été leur terre et leur vie. Malgré la rigueur de la saison, ces errants- de quatre années, les réfugiés, ont préféré au pain amer de l'exil le brouet noir de leur petite patrie. Ils sont revenus, et après avoir tant souffert, ils ont souffert encore.

L'hiver s'est passé. Ceux qui sont morts sont morts. Mais ceux qui survivent doivent-ils gravir un nouveau calvaire ?

Sans phrases, ce qui importe par-dessus tout, c'est qu'une organisation puissante et solide de nos pays dévastés soit mise définitivement sur pied en vue de l'hiver prochain or, pour cela, il faut s'y prendre tout de suite. La bonne saison est courte. En ce moment, le soleil luit, la foi est dans les cœurs. Attendrons-nous, impassibles et impuissants, que les jours sombres reviennent et, avec eux, la désespérance ?

Le programme de la restauration se résume en quelques idées directrices :

1e Agir, non pas de loin, mais de près, — sur les lieux ;

2e Assurer le paiement rapide sinon des indemnités, du moins des avances permettant de les escompter ;

3e Inaugurer un régime agricole et industriel adapté à ces terribles circonstances, et le suivre dans ses applications avec le concours des populations et de leurs élus.

En un mot : autorité, argent, travail.

1e L'autorité doit être sur les lieux. Il est impossible de continuer à tout subordonner à l'action de Paris. M. Lebureau est, de son naturel, tardigrade ; il est discuteur, disputeur, chicaneur, chipoteur, et, comme disait mon pauvre ami Revoil, contrepiédiste. Nos vieilles administrations suffisaient, peut-être, au temps où les choses allaient d'elles-mêmes. Mais leur routine offre une résistance invincible quand il s'agit des temps de crise, quand il faut tout renouveler, hommes et choses.

Avec juste raison, on a désigné un Commissaire général pour l'Alsace-Lorraine. Situation exceptionnelle, pouvoir d'exception. De même pour l'immense entreprise de restauration de nos pays libérés. Les organismes anciens sont insuffisants. Ils manquent de hardiesse et de force. Créons un pouvoir d'action sur les lieux. Il aura toujours les yeux assez tournés vers Paris. Ne craignons pas une décentralisation qui aura tant besoin du centre.

2e Une autorité, quelle qu'elle soit, ne peut aborder une œuvre et obtenir des résultats que si elle dispose de ressources. Ces ressources, il ne peut être question de les réclamer d'un pays ruiné de fond en comble : elles doivent venir du dehors.

D'abord, il faut les obtenir de ceux qui ont voulu et accompli de tels forfaits. Les Allemands reconnaissent qu'ils ont, à ce sujet, un devoir-immédiat. Ils s'engagent à relever ce qu'ils ont détruit. On discute sur la quotité des indemnités et sur les modalités du paiement. Admettons que l'on ne discutera plus longtemps. Cependant, nos populations meurtries ne peuvent pas attendre.

Cette année est perdue pour elles. Perdront-elles encore l'année prochaine ? De délai en délai, jusques à quand prolongerez-vous leur agonie ?

C'est tout de suite qu'il faut de l'argent, ou du moins ce qui le remplace — le crédit.

On avait commencé. Quelques avances avaient été faites à nos agriculteurs. El, soudain, tout s'est arrêté. Pourquoi ? Les discours de M. Ribot et de M. Klotz ont exposé les embarras financiers de l'Etat. Mais, ici, il ne s'agit pas précisément de l'Etat. Les particuliers, les communes, les départements, les syndicats, tous nos groupements sont prêts à souscrire des emprunts pour leur compte. On ne prête pas seulement à la richesse, on prête aussi au travail.

Le travail est le meilleur de tous les débiteurs. Adressez-vous directement à lui : il paiera.

J'ai voulu en avoir le cœur net et j'ai abordé ce sujet auprès de hautes personnalités américaines. En deux mots, j'ai dit : Prêtez 500 francs ou 1.000 francs à un jardinier de la France du Nord pour acheter ses outils et mettre en culture son jardin. Il est bonne paye. Ayez confiance en lui. On m'a répondu : Prenez garde ! Des combinaisons particulières entraveraient le fonctionnement futur des grandes opérations de crédit public. — Peut-être.

Mais le crédit public, ce n'est pas lui qui travaille, ce n'est pas lui qui produit. La meilleure façon de consolider le crédit de l'État, c'est encore d'assurer le travail et la prospérité des citoyens.

Je n'avais pas à insister. On veut avoir affaire à quelqu'un et non à une poussière anonyme. Donc, créez un pouvoir spécial qui soit ce quelqu'un. Si la France qui se refait avait un chef, ce chef aurait (sans nuire au crédit de l'Etat) un crédit immense.

3e Il aurait du crédit, parce qu'il se présenterait avec une méthode, des idées, des vues d'avenir.

En un mot, l'autorité trouverait des ressources si elle avait un programme.

En ce moment, personne ne sait oie l'on va. Or, le Français déteste l'obscurité dans les mots et dans les choses : Ce qui n'est pas clair, n'est pas français. Dans ce pays, quand la lâche est bien préparée et distribuée, tout le monde s'y met ; mais quand le doute et la confusion règnent dans l'esprit, ils gagnent le cœur, et tout s'arrête.

Nos villes sont détruites ; nos campagnes sont incultes.

Il faut donc un programme urbain et un programme rural.

Sur le programme urbain, je ne dirai qu'un mot aujourd'hui : des hommes d'intelligence et de dévouement travaillent, je le sais, à le tracer. Bientôt, nous verrons leurs conceptions se dévoiler. Le public en sera saisi ; il jugera.

Autour de ces nœuds et de ces carrefours industriels qui furent, dans le Nord, la gloire de notre France, des agglomérations d'un caractère nouveau sont prévues. Voies ferrées, voies fluviales, roules, tramways, gares, garages, usines, ateliers, logements ouvriers, hygiène publique, confort populaire, enseignement, tourisme, théâtres, tout sera repris sur de nouvelles bases. Les villes de cette future nouvelle France pourraient devenir des modèles... à l'américaine et à la française.

J'indiquerai, du moins, ce que les hommes les plus compétents et les plus autorisés disent de la restauration rurale. Mon vénéré président et ami, Jules Méline, dans son beau livre : Le Salut par la terre, envisage la situation de nos pays dévastés, et il conseille de commence ? : par une réfection de la carte agricole et par le remembrement, c'est-à-dire le regroupement des parcelles, permettant l'emploi des tracteurs et des machines sur de plus larges espaces :

Ce problème du remembrement, dit-il, apparait, de plus en plus, comme le problème capital et la condition première de notre reconstitution agricole ; il est comme le nœud de toutes les autres, et l'intensification de la production agricole dépend, en grande partie, de sa solution. Le morcellement des exploitations tend à devenir un véritable fléau... Il y avait un intérêt urgent à refaire la carte agricole de nos communes en procédant au remembrement général... Cette réforme capitale, indispensable, vient heureusement d'aboutir ; le Parlement, sur la proposition du Dr Chauveau, qui a déployé une si énergique persévérance pour la solution du double problème de la machine et du remembrement, a voté, le 27 novembre 1918, une loi qui en assure la réalisation. Cette loi, applicable à l'ensemble de la France, a été accompagnée d'autres mesures prises dans l'intérêt de nos malheureux départements envahis. Il importe au plus haut degré que le remembrement réussisse dans nos malheureuses régions dévastées, si l'on veut entraîner le reste de la France. C'est de là que devra partir l'étincelle qui gagnera tout le pays. Quand on verra, dans les autres départements, les merveilleux résultats obtenus dans nos départements actuellement si malheureux, on voudra partout les imiter ; et c'est ainsi qu'insensiblement se reconstituera la carte agricole de la France, en même temps que la valeur du sol se relèvera comme par enchantement.

Ce que le président Méline dit du remembrement, appliquez-le à toutes les branches du travail rural. Engrais, semences, main-d'œuvre, transports, marchés, tout se tient. Ces admirables pays frontières qui ont tant souffert pour la France se relèveront, une fois de plus, pour la sauver encore.

Autorité, crédit, travail, tels sont les trois sommets du triangle lumineux qui s'inscrira sur les murs de l'histoire pour maintenir, à la France de la paix, l'éclat incomparable acquis à la France de la guerre.

Après les dévastations des guerres de religion et de la Ligue, Sully releva le royaume de Henri IV en ayant toujours sur les lèvres sa fameuse devise *Pâturage et labourage sont les deux mamelles de la France*. Après les guerres de Richelieu contre la maison d'Autriche, Colbert refit la France en reprenant en sous-œuvre, par les métiers et les corporations, toute l'organisation économique du pays. Le baron Louis fit de même, après 181b, pour l'organisation financière ; et, après 1870, la République de Thiers et de Gambetta rouvrit, par une sage administration, les sources, un instant taries, de notre prospérité nationale.

En France, les grandes détresses ont toujours eu d'admirables lendemains. Doit-il en être autrement aujourd'hui ? La victoire ne crée-t-elle pas la confiance, et la confiance, étant la mère du crédit, n'est-elle pas l'ouvrière des grandes œuvres ?

L'Allemagne se remet au travail. Elle n'a rien perdu de son activité ambitieuse. Ayant manqué la victoire militaire, elle nous menace d'une défaite économique. Elle a détruit dans ce but nos provinces les plus riches et les plus actives. Déjouons son odieux calcul. Opposons-lui une frontière de labeur, de richesse et de fidélité.

Gabriel HANOTAUX,
de l'Académie française.
Juin 1919.

CHAPITRE PREMIER. — GÉOGRAPHIE MILITAIRE DE L'AISNE.

(1915).

La *Bataille de l'Aisne* est engagée depuis le 12 septembre 1914.

Je voudrais essayer d'expliquer, — à l'aide de la géographie et à l'aide de l'histoire, — comment cette bataille est le nœud formidable de la guerre actuelle, comment elle relie la *défense du Nord* à la *défense de l'Est*, comment elle est, non pas seulement une bataille, mais toute une campagne, la campagne de France.

La rivière d'Aisne est, en effet, l'articulation qui rattache les provinces orientales aux provinces septentrionales. Paris étant couvert par ces provinces, le problème de la défense de Paris est là : le joint de notre histoire est là.

Etant né dans ces régions, ayant ma maison sur les falaises de l'Aisne, ayant, depuis ma plus tendre enfance, arpenté le pays, en promeneur, en chasseur, en voyageur, en parent, en candidat, en historien, je l'aime chèrement, et, par tous les fils de ma vie, je suis attaché à son sol et à son âme.

Je voudrais donc conduire le lecteur sur la terrasse de mon jardin[1], à 150 mètres d'altitude au-dessus de la rivière, ayant sous les yeux le magnifique spectacle de la vallée avec ses villages riants, ses pentes fleuries, ses routes et ses sentes dévalant vers les bois, la ligne majestueuse de l'autre coteau s'étendant sur l'horizon, avec la rivière elle-même incrustée dans la verdure comme une lame d'argent, avec tout ce qu'il y a de gaieté et de lumière dans un paysage de l'Ile-de-France ; et, de là-haut, je vais essayer d'expliquer comment cette terre s'est animée, s'est peuplée, s'est défendue, s'est enrichie, s'est ornée pour devenir ce qu'elle est et cc qu'elle défend à la fois, c'est-à-dire l'une des parties les plus belles et les plus aimables de notre France.

Si l'on vient de la mer du Nord et de la Belgique vers Paris, on avance, comme l'indique la carte, par une grasse et riche plaine infiniment étendue et plate, qui parait comme une continuation de la mer elle-même. Cette plaine ne prend fin que quand elle se heurte, en quelque sorte, au pied de la colline de Laon. Les habitants de Laon affirment que, du haut de la flèche de leur cathédrale, avant qu'elle ne fût abattue, on voyait, au-dessus des immenses guérets plats, apparaître, dans la brume, l'église de Cassel en Flandre.

Faites le mouvement inverse ; allez de Paris vers la mer du Nord et vers la Belgique ; vous remarquerez que la rivière d'Aisne fait comme une barre qui coupe la route, de Soissons à Rethel. A partir de Rethel, l'Aisne fait un coude, de telle sorte, qu'accourant des provinces de l'Est et de la Lorraine, ou, du moins, du Barrois, elle vient, à travers l'Ile-de-France et la Picardie, se rattacher à t'Oise, presque à la Normandie.

Entre la montagne de Laon et les bords de l'Aisne, s'élève un massif d'une altitude moyenne de 150 à f'00 mètres qui s'allonge des hauteurs de Soissons au versant de Craonne, accessible de Reims et de l'Aisne par Berry-au-Bac, butté à l'est vers Tracyle-Mont et qui se décompose, lui-même, en deux massifs, séparés Pin de l'autre par le cours d'une rivière parallèle à l'Aisne, l'Ailette. Et ce massif

---

[1] Pargnan, près de Beaurieux, canton de Craonne, en terrasse sur la vallée de l'Aisne.

est traversé, du nord au sud, par un couloir qui donne accès de Paris en Flandre et de Flandre à Paris c'est le couloir de Soissons.

Ce massif commande donc, d'une part, la route de l'Est, la route de Reims ; d'autre part, la route de Soissons, la route du Nord.

Il est dominé, dans sa partie occidentale. par un donjon qui est le plus beau et le plus puissant monument militaire que l'art français et peut-être l'art universel ait élevé, le donjon de Coucy-le-Château.

Tout cela va s'expliquer et s'animer par la connaissance de l'histoire et par la contemplation, intiment plus éloquente, de ce qui se passe depuis le début de la guerre.

Pour expliquer les choses en quelques mots, et à l'aide d'une indication géologique très rapide, je rappellerai simplement que la base initiale de toute la construction terrestre dans cette région, c'est la constitution, antérieure à tout, du massif de l'Ardenne. L'Ardenne est, à proprement parler, le squelette. C'est une vieille montagne très ancienne, très usée ; composée de formations ignées, elle apparaît, nu début des Ages, comme une masse volcanique surgissant au-dessus des eaux. La mer recouvrait ses flancs à la hauteur même où se trouvent maintenant les plateaux de l'Aisne. Les eaux, en se retirant lentement, ont laissé, sur les pentes du massif d'Ardenne, d'une part, les calcaires de l'Aisne et, d'autre part, les argiles et les limons des Flandres. L'Ardenne réunit et sépare, à la fois, la Belgique et la France. L'Ardenne, c'est la borne ; à ses pieds, l'Aisne et l'Escaut, c'est-à-dire la Picardie et les Flandres, sont les chemins.

La physionomie des deux paysages diffère du tout au tout, selon qu'elle est tournée vers la mer du Nord ou vers l'Océan, selon qu'il s'agit des bassins de l'Escaut ou de la Somme, d'une part, ou des bassins de l'Aisne, de l'Oise et de la Seine, d'autre part.

Le hasard de ma vie m'a fait connaître profondément ces deux pays adossés en quelque sorte. Je suis né à Beaurevoir en Cambrésis, à la source même de l'Escaut ; j'habite près de Beaurieux en France, sur les collines de l'Aisne.

D'une part, le climat est froid, le ciel immense est gris, rayé par les lignes parallèles des nuages que le vent du Nord accumule et déverse en pluies incessantes sur le sol détrempé pendant de longs mois. On voit, dans les vieux almanachs, ces figures de ciel dessinées par une seule ligne d'horizon d'où monte un vol de corbeaux. Comme ce pays, avec ses neiges, ses vents ronflant sur les plateaux, la moiteur pénétrante des longs hivers humides, parut rude à mon enfance ! Les maisons sont de briques et d'ardoises : elles s'agglomèrent en épais villages rouges et bleus, nichés dans une puissante verdure. C'est le pays qu'ont peint les Téniers et les Le Nain.

Le dos tourné, ce sont les coteaux blancs et clairs de l'Ile-de-France. Le parti pris nouveau du paysage et du climat s'affirme à Laon. Coteaux mamelonnés, croupes arrondies, longs plateaux réunissant les hautes collines, larges vallées ou vallons étroits s'interposant entre les coteaux au flanc des pentes, les sources jaillissent et murmurent : les arbres fruitiers, cerisiers, pruniers, pommiers prodiguent leurs fleurs au printemps : la vigne apparaît. Le fond du sol est le calcaire. C'est le calcaire, le calcaire blanc qui réchauffe le sol et lui donne la variété et la fertilité des récoltes, depuis les vastes champs de betteraves jusqu'aux jardins amènes des maraîchers. Au sommet des collines, au fond des vallées, les castels, les églises, les simples maisons sont bâtis en pierres de taille et couverts de tuiles : les habitations ont un aspect cossu, même quand elles sont pauvres. Le proverbe de mon petit village (car chaque village a son proverbe) affirme ce contraste entre les apparences nobles et les réalités minces ces chaumières, qui ont l'air de petits châteaux, sont habités par de braves gens, affligés de la maladie que Rabelais appelle : platitude de bourse ; aussi disent-ils d'eux-mêmes en souriant, car la race est d'humeur plaisante et narquoise :

> Pargnan, Pargnan,
> Beau devant.
> Rien dedans !

Ma famille a quitté Beaurevoir de l'Escaut pour se transplanter à Beaurieux et Pargnan de l'Aisne. Dans notre enfance, nous trouvions Beaurieux un paradis : le ciel est bleu et la vigne pousse !

De la présence du calcaire dans cette région résulte un antre trait, c'est l'aspect monumental du terrain lui-même ut des villes qui y sont construites.

Le fond de la vallée reste plat jusqu'à quelque cent mètres de la rivière. Tout à coup, il s'élève brusquement. On dirait que les eaux ont arraché le sol et dénudant les masses calcaires qui le surplombent, ont laissé debout des murailles à pic qui, de loin, avec leurs assises régulières et horizontales, paraissent construites de main d'homme. C'est, à proprement parler, la *falaise*. Elle ne règne pas d'un bout à l'autre de la vallée ; d'étroits vallons, livrant passage à de minces ruisseaux, la creusent. Mais sa l'orme est si frappante, si affirmée, qu'elle s'impose à l'esprit et détermine le caractère du paysage. La proximité du rebord supérieur, de vieux chemins côtoient la pente et font balcons : c'est là que sont établis les antiques et pauvres villages, longtemps inaccessibles aux voitures, et qui cultivent soit les pentes rudes de la falaise, soit les plateaux qui, en arrière, couronnent les collines et les réunissent aux immenses terrains plats qui s'étendent vers Laon.

Au creux de ces falaises qui surplombent la vallée, les très anciens hommes ont cherché un abri en fouillant les masses de la pierre assez friable et en approfondissant les cavernes naturelles.

Je disais que la mer avait recouvert jadis toutes les hauteurs et déferlait à la crête des plateaux. Les falaises sont, en effet, formées par des bancs marins ; parlent la présence des coquilles et même des poches de phosphate révèle cet état de choses primitif ; en creusant pour bâtir dans ma cour, j'ai trouvé, à 150 mètres d'altitude, des dents de requin. Les hommes anciens vivaient de poissons sur les bords de cette mer surélevée. Leurs demeures subsistent : ce sont ces trous, ces *creuttes*, comme on dit dans le pays, dont il est si souvent question dans les *communiqués* et qui sont encore habitées dans la plupart des villages occupant- le sommet des falaises. Ces cavernes ont, de tous temps, servi à la défense et à la sauvegarde du pays : elles sont devenues des *carrières* parce que l'on y a pris la pierre pour construire les villages et les villes : elles sont devenues des souterrains, reliant entre eux les châteaux et les fortins ; elles creusent tout le massif laonnois de leur réseau profond. Si on découvrait la crête de nos collines, on s'apercevrait, sans doute, qu'elles ne sont que de puissantes taupinières.

Enfin, le calcaire a eu un emploi d'une adaptation merveilleuse pour la civilisation : c'est grâce à lui que se sont bâties les belles villes, les métropoles qui achèvent le caractère monumental et artistique de la région, — caractère si frappant que

Vidal de la Blache a pu dire, sans exagération aucune : C'est une Toscane ou une Ombrie.

Du haut de mon balcon dominant l'Aisne, je vois les trois routes conduisant aux trois métropoles, situées chacune à trente kilomètres exactement : c'est Soissons à l'est, c'est Laon au nord, et c'est Reims au sud.

J'ai indiqué, d'un mot, l'importance de Soissons daris notre vie nationale. Soissons sur l'Aisne est assise au défilé du couloir qui conduit du Nord à Paris. Soissons, dans la plus riche des plaines agricoles, rassemble les blés que la batellerie porte à Paris. Soissons est une des mamelles de l'Ile-de-France. Malheureusement, toujours exposée, toujours menacée, toujours attaquée, Soissons dominée par les collines qui l'environnent, Soissons se défend mal ; Soissons est la victime de sa position enviable et prospère. Toutes les fois qu'une invasion, venant du Nord, cherche le centre de notre France, elle se dirige vers Soissons.

Mais si elle a les périls et les risques, cette ville a aussi les noblesses et les grandeurs. C'est à Soissons que fut fait le geste initiateur de l'histoire de France. Je ne raconterai pas la légende qui est dans toutes les mémoires : Clovis frappe le soldat qui s'était attribué un vase servant aux églises et lui crie : Souviens-toi du vase de Soissons ! Et cela veut dire que l'invasion venant du Nord a compris que, si elle veut réussir et prendre sa place au banquet de la civilisation, elle doit s'associer à la puissance du Midi, la respecter, la protéger, jusque dans ses monuments les plus délicats ; cela veut dire que c'est à ce prix et en dépouillant sa brutalité que la barbarie se transforme en civilisation : c'est l'heure où les Francs deviennent Français.

L'histoire s'est montrée sévère pour les invasions des barbares. On pensait que nos ancêtres avaient vécu les temps les plus atroces et que l'humanité ne les reverrait plus. Eux pourtant —ces barbares ! — respectaient les églises, les monuments, les vases sacrés ; Clovis s'inclinait devant saint Remi. Les barbares ne procédaient pas au pillage méthodique des régions envahies ; ils n'emmenaient pas les populations innocentes en esclavage ; ils ne tuaient pas, d'après des listes dûment enregistrées et selon une volonté compassée et pédantesque, les vieillards, les femmes, les enfants. Aujourd'hui, la barbarie scientifique, pire que celle des barbares simples, se livre à des excès que nul siècle n'a connus. Elle accumule contre elle de terribles vengeances. Dieu ne désertera pas sa propre cause. Son bras est levé : Souviens-toi du vase de Soissons !

Laon est l'autre métropole. Je viens de dire la beauté singulière du pays laonnois. La ville, grimpée sur une haute colline, domine, à l'infini, la terre plate, garnie de céréales et de champs de betteraves, jalonnée d'avenues de peupliers jusqu'aux Flandres. Du haut des remparts qui contournent la colline on a souvent, au loin, le mirage ou l'hallucination de la mer. Laon fut, à diverses reprises, la ressource suprême de nos rois. Quand il n'y avait plus de France, il y avait encore Laon. Le dernier des Carlovingiens fut un roi de Laon.

Aussi la colline, fière et pleine de gratitude pour Dieu, n'avait d'autre pensée que de s'offrir à lui et de lui rendre, en quelque sorte, ce qu'il avait fait pour elle. De ses carrières, elle tirait, sans cesse, les pierres qui s'élevaient les unes au-dessus des autres, et elle essayait de superposer une colline de beauté et de prières à la colline de Dieu. Ainsi s'éleva un monument magnifique, rival, par sa puissance et sa sobriété, des monuments égyptiens : la cathédrale de Laon. Ces tout petits bourgeois d'une toute petite bourgade firent ainsi, à force de foi, de privations et de persévérance, une œuvre humaine définitive. Quand la flèche aiguë couronnait l'une des tours du portail, elle atteignait juste la hauteur de la colline elle-même : la gratitude était ainsi l'égale de la foi.

On raconte que, pour élever si bd ut les pierres de taille énormes qui forment, le couronnement de l'édifice, les machines ne suffirent pas. Alors, avec une énergie indicible, les bourgeois de Laon se mirent à l'œuvre et ils construisirent, tout autour de leur colline, un plan incliné qui s'élevait par plusieurs spirales jusqu'à la terrasse des tours ; et les pierres furent (rainées par les bœufs jusque-là. La tête des bœufs est sculptée en gargouilles à la terrasse supérieure des tours en souvenir de ce beau miracle tic persévérance et de volonté,

Soissons est sur l'Aisne. Laon est projeté en avant sur le front nord du massif ; Reims est en arrière sur le front sud du même massif, à l'abri dans le bassin dune petite rivière secondaire, affluent de l'Aisne, la Vesle.

> Il n'est cité que je préfère à Reims :
> C'est l'ornement et l'honneur de la France :

Ainsi s'exprime notre La Fontaine qui, fils du pays, en goûtait et en exprimait si justement et si naïvement le charme.

Il faudrait un volume pour rappeler toutes les grandeurs et toutes les gloires de Reims.

Résumons-les d'un mot : Reims a toujours représenté le point précis où la civilisation du Midi s'est défendue contre les invasions, soit venant de l'Est, soit venant du Nord : Reims, c'est, par excellence, le boulevard et la marche contre l'invasion. Reims est le nœud et, le cœur : la France antigermanique a son boulevard là.

Remontons aux origines : Reims, par un instinct extraordinairement juste de son peuple commerçant, a toujours été l'alliée de Rome, même avant la conquête de César, Reims avait cherché son point d'appui du côté de la Méditerranée et non du côté de la mer du Nord. Quand les tribus gauloises eurent à délibérer, au IIe siècle, si mieux valait subir la conquête et se rallier à Rome ou bien s'unir à la Germanie, c'est à Reims que fut prononcé le fameux discours de A. Publius Cerealis, rapporté par Tacite, qui les décida à mettre has les armes et à se transformer de Gaulois en Romains.

Et c'est aussi à Reims que, trois siècles plus tard, la civilisation du Midi absorba, pour ainsi dire, une seconde fois, la conquête venue du Nord, quand les Francs, — éternels ennemis des Germains. — après avoir battu les Alamans à Tolbiac, résolurent de s'allier pour toujours aux Gallo-Romains et de fonder, tous ensemble, la nouvelle Rome, la Rome du Nord, c'est-à-dire lu France. Le symbole de ce grand fait, c'est le baptême de Clovis par saint Remi à Reims.

Franchissons les siècles, c'est à Reims que Jeanne d'Arc conduit Charles VII pour consacrer le salut de la France. Ne croyez pas que la brave fille ne comprit pas exactement le grand problème stratégique et politique qu'elle résolvait ainsi. Elle savait qu'en luttant contre le duc de Bourgogne, elle luttait contre la conquête du Nord, qu'elle sauvait une seconde fois, la France claire et lumineuse, déjà tirée par elle du péril à Orléans : avec l'ennemi éternel, elle ne voulait entendre parler de paix que dans la victoire. Les fauteurs de trêves provisoires, les pacifistes, les trembleurs lui étaient odieux, et c'est ce qu'elle écrit, en propres termes, à ses chers amis, les bourgeois de Reims dans une lettre d'une simplicité magnifique et qui est un de plus beaux documents de notre histoire parce qu'il exprime, mieux cent fois qu'aucun autre exposé didactique ne peut le faire, la mission profonde et providentielle de toute cette région :

> 6 août 1429.
>
> Mes chers et bons amis, les bons et loyaux François de la Cité de Reims.
>
> Jehanne la Pucelle vous fait assavoir de ses nouvelles et vous prie et vous requiert que vous n'aviez nul doute au sujet de la bonne querelle qu'elle mène pour le sang royal. Et je vous promets et certifie que je ne vous abandonnerai point tant que je vivrai.
>
> Vrai est que le Roy a fait trêves au duc de Bourgogne quinze jours durant, sous condition qu'il lui doive rendre la ville de Paris sans combat avant quinze jours. Partant, ne vous étonnez pas si je n'y entre pas si brièvement. Car de ces trêves, je ne suis point contente et ne sais si je les tiendrai ; mais si je les tiens, ce sera seulement pour garder l'honneur du Roy.
>
> Aussi ils ne feront pas honte au sang royal : car je maintiendrai et tiendrai l'armée royale bien unie et toute prête à la fin desdits quinze jours, s'ils ne font pas la paix.
>
> Pour ce, chers amis, ne vous tourmentez point tant que je vivrai. Cependant faites bon guet et bonne garde en votre bonne cité de Reims et s'il y a des traitres faites-le moi savoir, je vous les ôterai. Donnez-moi de vos nouvelles ; je vous commande à Dieu.

Et la magnifique souscription toute militaire :

> Écrit ce vendredi, sixième jour d'août, emprès Provins, en un logis aux champs sur le chemin de Paris.

Reims, est ainsi consacrée : c'est à Reims que sont couronnés les rois de France ; c'est à Reims que le miracle se renouvelle à chaque changement de règne ; c'est à Reims que la Sainte Ampoule descend du Ciel ; c'est près de Reims, à Corbeny, que les écrouelles sont guéries. Reims devient le palladium de la patrie française.

Voici, de nouveau, les heures tristes, les heures de l'invasion venant du Nord et venant de l'Est. C'est autour de Reims que Napoléon concentre la campagne qui protège à la fois le Nord et l'Est, la campagne de France.

Et, en 1870, c'est près de Reims, dans les faubourgs de Reims, au château de Courcelle, que se tient le conseil de guerre, présidé par Napoléon III, qui décide d'abandonner la défense de l'Aisne et qui porte en avant la dernière armée de la France impériale, pour se faire écraser à Sedan.

N'est-il pas permis de reconnaître, dans Reims, l'expression suprême, sinon de la vie française, du moins de la défense française. Et, comme pour affirmer et souligner, dans la joie et dans la beauté, ce caractère si net, cette démarcation si franche qui s'établit, ici, face à l'Est, je n'ajouterai qu'un mot : n'est-ce pas de Reims que la gaieté française se répand sur le monde dans le clair rayon du vin de Champagne ? N'est-ce pas au-dessus de Reims que s'élevait ce miracle de Beauté qu'une jalousie odieuse et la barbarie définitive ont détruite : LA CATHÉDRALE DE REIMS !

Reims est notre Boulevard.
Reims a toujours été notre espoir.
La cathédrale de Reims est notre Parthénon !

CHAPITRE II. — LES BATAILLES DE L'AISNE.

J'ai dit le sens géographique et la portée politique de cette belle région. J'ai dit la vallée de l'Aisne réunissant les trois pays et les trois villes pour protéger Paris.

Je voudrais, maintenant, essayer de préciser son rôle militaire, extraire en quelque sorte, l'essence du pays et la signification profonde de la perpétuelle campagne de France, de la longue et traditionnelle bataille de l'Aisne.

Le massif de l'Aisne forme le premier grand obstacle que l'on rencontre quand on vient du Nord vers Paris, et aussi la première ligne de circonvallation quand on va de Paris vers le Nord, le tout se joignant et s'articulant aux lignes de l'Est par les Ardennes et par l'Argonne.

Cette double face, ce double caractère se traduit, dans l'histoire, par deux espèces de rencontres ayant pour lieu habituel le massif de l'Aisne : tantôt l'offensive vient du Nord, et tantôt l'offensive vient de Paris. Tantôt l'ennemi assiège la face septentrionale, c'est-à-dire Laon, tantôt la face méridionale, c'est-à-dire Craonne ; un point décisif, dans l'une ou dans l'autre bataille, est toujours le couloir de Soissons.

La première bataille historiquement connue est la *bataille de César*.

César avait conquis la Gaule, dans une première et rapide campagne. A la lumière des faits postérieurs, on comprend très bien. aujourd'hui, que César avait conquis la Gaule *contre la Germanie* et comme le seul moyen de créer un boulevard protégeant Rome contre les invasions qui devaient réussir quatre ou cinq siècles plus tard.

Dans cette lutte, César avait pour alliés les peuples les plus intelligents de la Gaule, les Éduens et les Rémois.

Les populations du Nord — pour la plus grande partie Germaines, mais César les appelle Belges —, les populations du Nord sont remuées par la conquête romaine, et les Rémois avertissent César qu'une immense conjuration s'est formée, entre toutes les nations septentrionales, y compris les gens de Beauvais et les gens de Soissons, pour refouler la conquête romaine. Le lieutenant de César, Q. Tiburius Sabinus, qui était en avant pour surveiller ces régions, est obligé de se replier et il vient chercher sa ligne de défense : où ? Justement dans le massif de l'Aisne, ou, pour mieux dire, sur les falaises de l'Aisne, en un point élevé et fortifié nommé Bibrax et qui est soit Wié-Laon, soit la colline de Comin, soit Beaurieux.

César, avisé du péril, réunit en hâte deux légions et il se porte sur l'Aisne. Il apprend la puissance de ses adversaires. Deux cent mille hommes peut-être sont descendus du Nord, amenant avec eux les femmes et les enfants sur des chariots, et cette foule est campée autour de Bibrax qu'elle assiège. César n'a pas les forces nécessaires pour attaquer l'ennemi de front. Il établit son camp à proximité d'un pont, protégé à sa gauche par un marais : il prévient son lieutenant de tenir et il attend. La discipline romaine devait avoir le dernier mot : et elle l'eut, en effet. César affama, peu à peu, les ennemis par ses coureurs : il les amena à livrer bataille dans le cours même du fleuve ; il les tourna par les marais, les arrêta grâce aux crues fréquentes de la rivière. Ils se dégoûtèrent eux-mêmes d'un effort stérile et sans but. Ils levèrent le camp et regagnèrent les forêts lointaines d'où ils étaient descendus.

C'est la première *bataille de l'Aisne*. Le point précis de la rencontre n'est pas exactement déterminé. Je le mettrai, quand à moi, au pied de l'*oppidum* où se retrouvent les restes de fortifications anciennes, à Comin ou dans la région de Craonne, soit que le pont cité par César fût le pont de Berry-au-Bac, comme l'a dit Napoléon, soit que ce fût le pont de Pont-Arcy, plus près de la colline de Comin.

La seconde bataille de l'Aisne dure, si j'ose dire, pendant tout le moyen âge : je l'appellerai, en deux mots, la *bataille des Féodaux* : elle est dirigée contre Paris et les Capétiens qui y règnent.

A proximité de Paris, sur le massif de l'Aisne, la féodalité, rivale de la royauté, s'est énergiquement cantonnée. De là, elle est à proximité pour menacer la capitale au moindre signe de faiblesse ; en même temps, elle donne par l'Est la main à l'étranger : des dynasties rivales s'accrochent à cette région et s'y succèdent jusqu'au jour très tardif où la monarchie française est décidément victorieuse. Cette campagne dure environ six siècles. Elle a, le plus souvent, pour champ de bataille la partie sud du massif de l'Aisne et son réduit principal est le donjon de Coucy.

Thomas de Marle, les sires de Coucy et de Roucy, les ducs de Bourgogne, de Luxembourg, les princes de Condé sont, jusqu'au XIIe siècle, les chefs de ces dynasties rivales de celle des Capétiens.

Le massif de Laon, grâce à sa constitution calcaire, est organisé en une forteresse opposée au massif parisien. Sur toutes les collines, des châteaux ou des fortins, entre les châteaux des fermes fortifiées, et, les reliant le plus souvent, des chemins creux ou des souterrains voûtés dans la pierre meuble et tendre. Certaines collines comme celles de Comin ont conservé leurs couloirs et, dit-on, leur salle centrale qui les font ressembler à de véritables fourmilières. Des puits vont chercher l'eau dans les couches profondes. Les principaux points jadis fortifiés sont Laon, Coucy-le-Château, Anisy-le-Château, Roucy, Oulchy-le-Château, Muret, la Ferté-Milon ; et combien d'autres noms faudrait-il ajouter ?

Les principaux épisodes de cette longue histoire sont connus : je n'en citerai qu'un, parce qu'il est véritablement national : c'est le voyage de Jeanne d'Arc décidant le roi, après le couronnement à Reims, à commencer, de ce côté, la campagne de France : elle longe ainsi les possessions du duc de Bourgogne par Vailly, Soissons, Crépy-en-Valois et, partie du massif de l'Aisne, elle vient assiéger Paris. C'est au cours de cette campagne que, suivant le chemin qui va de Corbeny à Vailly, elle suivit la route des crêtes qui s'appelle encore le chemin des Romains et qui longe exactement mon jardin. Vers la fin de septembre 1914, les Anglais ont bousculé l'armée allemande jusqu'au chemin des Romains (un peu au sud de la route des Dames) ; ils l'ont occupé et ont établi leurs batteries dans mon jardin même : ils détendaient ainsi, sans le savoir, le chemin de Jeanne d'Arc. Et j'ai pu dire de grand cœur à l'un de leurs officiers : Voilà cinq cents ans que je vous attendais !

Le nom de Jeanne d'Arc évoque d'autres souvenirs non moins caractéristiques du rôle que joue la vallée de l'Aisne dans l'histoire de France. L'Aisne prend Ga source vers la Lorraine, à proximité de Vaubecourt, dans l'arrondissement actuel de Bar-le-Duc, en plein Barrois.

Le Barrois, c'est le pays originaire de Jeanne d'Arc. Les documents d'archives nous ont appris que le père de Jeanne, Jacques d'Arc, eut un démêlé extrêmement pénible, comme syndic des habitants du village de Domrémy, avec le Mitard de Commercy, seigneur de Roucy. Ce haut personnage hésita longtemps entre la cause du Bourguignon et celle du roi de France. Enfin, il se rallia à celle-ci et il tint l'épée de connétable au sacre du roi à Reims, tandis que Jeanne, auprès de lui, s'appuyait sur l'étendard qui avait été au péril et qui était si justement à l'honneur. Quand, quelques jours après, Jeanne conduisit le roi de France à Corbeny pour toucher les écrouelles, elle passa au pied du haut château de Roucy qui dominait au loin toute la contrée. Elle dut se souvenir des jours de son enfance, alors que le nom de ce redouté seigneur était si souvent prononcé autour du foyer familial.

Cette anecdote n'explique-t-elle pas les relations constantes de ces régions frontières. La vie de Jeanne d'Arc est éminemment marche de l'Est ; elle se rattache étroitement à la rivière d'Aisne : Reims, Soissons, Compiègne, c'est, — avec la belle randonnée sur Orléans, — toute sa destinée !

La bataille des féodaux finit avec la Fronde, lorsque Condé, le vainqueur de Rocroy, représenta la dernière résistance des Grands. Mazarin prit Coucy-le-Château et la poudre fit éclater le donjon du haut en bas[1]. Dans notre histoire intérieure, le rôle du massif de Laon, antagoniste à Paris, était terminée.

Mais voici, de nouveau, les grandes invasions.

La Révolution, Napoléon troublent le repos de l'Europe. D'immenses remous se produisent contre la France. Nous avons les grandes batailles du Rhin, les grandes batailles de l'Argonne, Valmy ; les grandes batailles du Nord, Jemmapes, et, enfin, la campagne qui les relie toutes, la campagne de France, avec l'une de ces décisions inévitables, la bataille des falaises de l'Aisne : cette fois, elle s'appelle la bataille de Craonne.

La bataille de Napoléon (9 mars 1814) est une bataille offensive des deux parts, la bataille de deux armées qui se heurtent au point fatidique où elles doivent se rencontrer.

Blücher marchait sur Paris ; Napoléon manœuvrait sur la Marne. Si Soissons eût tenu bon, Blücher, en retraite, était cerné et écrasé. Mais Soissons ayant capitulé, Blücher passe l'Aisne et se met en retraite sur Laon. Napoléon cherche à le prendre en arrière, en contournant le massif de l'Aisne par Craonne. Blücher, d'autre part, apprenant la marche de Napoléon, veut l'écraser en dévalant, du haut du massif de Craonne, sur Berry-au-Bac. L'intention de Napoléon est de se servir de la vallée de l'Ailette pour gagner Laon par Anisy-le-Château. Blücher s'arrête sur le plateau, et son lieutenant, Woronzoff, prend position sur le Chemin des Dames, à la ferme de Hurtebise : c'est le centre de la bataille. Les points d'attaque des Français sont, d'une part, Ailles qui est la source de l'Ailette, et, d'autre part, la Vallée-Foulon avec la ferme de la Creutte.

Ai-je besoin de rappeler que ce sont précisément les points où l'on se battit durant toute la Guerre de 1914 ? Tant l'histoire se répète aux mêmes lieux. Voilà, maintenant, que ces noms redeviennent historiques, une fois encore :

---

[1] Quand ces lignes furent écrites, le donjon de Coucy était encore debout. Les Allemands l'ont fait sauter et ont achevé ses ruines quand ils durent évacuer le pays. Ce geste de fureur brutale et vaine signale l'importance stratégique et historique du massif de Coucy-Saint-Gobain. Sur cette importance, voir ci-dessous : *La bataille de Guise*.

Craonne, Jumigny, Vassogne, la Tour, la Vallée-Foulon, Hurtebise, noms héroïques dont la gloire était éteinte ; elle renaît !

J'insisterai sur ce point d'Hurtebise ; car il est revenu souvent dans les communiqués. Son nom lui-même est significatif ; il indique la violence des vents tourbillonnant sans cesse dans l'étroit défilé.

La ferme qui porte ce nom est, en effet, assise au point où le plateau de Craonne se rétrécit et se creuse, de telle sorte qu'il fournit un passage entre]a vallée de l'Aisne, reliée à Reluis par Berry-au-Bac, et les sources de la rivière l'Ailette qui ouvrent le chemin de Laon et de Saint-Quentin. C'est donc, ici, le point de jonction véritable entre l'Est et le Nord.

Qui occupe Hurtebise peut assurer les communications entre les deux régions : cela paraît avoir été reconnu de tous temps : car, devant la ferme, existait un tumulus auquel on attribue une origine gauloise et qui portait le nom également significatif, de la Mutte au vent. Sur une motte de terre un vieux chapiteau, arraché aux constructions romanes de l'Abbaye de Vauclerc, portait une croix de fer remplaçant sans doute, quelque vieux dolmen. Quatre tilleuls énormes, et dont le plus ancien pouvait remonter au moyen âge, ombrageaient la butte de leurs rameaux dépouillés. Rien de plus antique, rien de plus vénérable. En fouillant la butte, on a trouvé le tombeau d'un chef avec ses armes et les ustensiles funéraires. A l'ombre des vieux tilleuls, Napoléon s'est reposé.

Pour gagner Hurtebise en venant de la vallée de l'Aisne. il y a deux routes, l'une en pente douce par Craonne, c'est le chemin que suivit Napoléon lui-même à la tête de sa Garde et c'est là qu'il donna le coup de massue à la résistance désespérée de Woronzoff. L'autre chemin, si on peut l'appeler ainsi, est plutôt une sente de berger grimpant à pic par la Vallée-Foulon et le Trou d'Enfer. Les cavaliers de Nansouty prirent à revers les Russes par Vassogne et la Tour, tandis que les voltigeurs montaient droit sur la falaise.

Cependant le maréchal Ney' avait contourné la colline et cherché, par Vauclerc, la source de l'Ailette. Il s'enfonça, par un terrain affreux, dans le précipice appelé le Trou de la Demoiselle. Six fois Ailles fut pris et repris ; ce fut un carnage et les troupes françaises ne restèrent maîtresses du terrain qu'a force d'énergie et d'héroïsme.

Ney avait couché au château de la Bove, qu'a occupé, pendant de longs mois, paraît-il, un état-major allemand. Les troupes de Ney avaient cantonné dans l'abbaye de Vauclerc, ruines magnifiques d'une abbaye construite par saint Bernard. Saint Bernard, encore un grand nom parmi tant d'autres !

La route des Dames conduit de Craonne et de l'abbaye de Vauclerc à la route de Soissons à Laon : Elle fut construite, vers 1770, pour Mesdames de France qui allaient en villégiature (venant sans doute du château de Soupir) au château de la Bove, chez M. de Narbonne. Partant de la Bove, elle traverse l'Ailette, atteint le haut du 'plateau de Craonne devant la ferme d'Hurtebise. Là elle tourne brusquement à l'ouest et traverse le grand plateau presque dans toute sa longueur jusqu'à l'auberge de l'Ange Gardien où elle rejoint la route nationale de Paris à Laon par Soissons. (Henri Houssaye.)

On comprend ainsi toutes les relations géographiques et l'importance décisive de Hurtebise, ou plutôt du défilé qui relie, en somme, Reims, Laon. Soissons et Paris.

Napoléon, donc, chasse les Russes et les Prussiens de la route des Daines. Blücher se replie sur Laon ; mais, là, il se fortifie sur la colline. Il a reçu des renforts, toute une armée que Wintzingerode lui amène de Festieux. Napoléon, qui joue son va-tout, a l'audace d'attaquer 85.000 hommes, solidement barricadés dans les faubourgs de la ville, avec 36.000 hommes. Marmont dirige la manœuvre, mais mollement.

Il se fait battre à Athies et, pour bien établir que rien, non plus, n'est changé dans les procédés des envahisseurs, Athies est livré aux flammes. Voici le texte de l'historien : Les Prussiens incendièrent Athies avant de l'évacuer. Ils procédèrent méthodiquement ; pénétrant dans chaque maison, ils enlevèrent quelques malades et quelques infirmes et les déposèrent dans les jardins (ils n'ont pas pris cette précaution ni à Louvain ni à Senlis !) Cela fait, ils mirent le feu partout. Cent quarante maisons sur cent quarante-quatre furent détruites.

Napoléon, après une magnifique retraite sur Athies, repasse l'Aisne à Soissons qu'il a fait réoccuper et couvre de nouveau la route de Paris.

Et, maintenant, c'est la quatrième bataille, non moins décisive pour l'avenir de la France et de la civilisation :

Après la bataille de César, la bataille de Jeanne d'Arc, la bataille de Napoléon, la bataille de Joffre !

Depuis le mois de septembre 1914, la vallée est en armes.

Je n'entreprends pas de raconter ici en détail cette bataille de Joffre plus gigantesque que toutes les autres et qui, si j'ose le dire, les résume toutes. J'aurai rempli ma tâche si j'ai fait comprendre son véritable caractère : elle est la bataille de liaison. Dans le passé, elle englobe et explique Bouvines, Fontenoy et Jemmapes, et les rattache à Rocroy, à Valmy, à Montmirail et à Fère-Champenoise : de même dans le présent, elle réunit et englobe la bataille de la Marne et la bataille de l'Yser ; c'est une bataille d'articulation : c'est ici que la France fait le geste du coude qui bouscule l'ennemi.

Cette bataille se prolonge depuis l'origine, et c'est elle qui aura raison de l'ennemi. Car elle est la campagne tout entière. Chaque incident retentit en elle, et chaque incident qui la modifie retentit au loin. Corvin a vu César. Soissons a vu Clovis, Reims a vu Jeanne d'Arc, La Tour est citée dans Eginhard ; Hurtebise abrita Napoléon. Nos soldats versent leur sang pour défendre celle terre héroïque.

Un colonel me racontait récemment la vaillance de ces jeunes 1914 défendant la tranchée qui permit, après la bataille de la Creutte, de sauver la Vallée-Foulon : et je me disais que c'était là que s'étaient fait tuer, en 1814, les Marie-Louise. Aux mêmes lieux, les mêmes hommes. Tels pères, tels fils. L'histoire de France, qui s'est renouvelée tant de fois sur ces falaises de l'Aisne, y prend, de haut, une fois de plus, son essor vers la Victoire.

CHAPITRE III. — LA BATAILLE DE GUISE-SAINT-QUENTIN.

28-30 AOÛT 1914.

La bataille de Guise-Saint-Quentin, livrée les 28, 29 et 30 août 1914, a été comme te prélude ou l'ouverture de la bataille de la Marne : elle l'annonça et parut, un instant, en présenter l'idée et le dessein. L'émotion ne dura pas ; les notes qui avaient vibré s'assourdirent. Mais, une semaine s'était à peine écoulée que le drame reprenait et s'achevait sur la Marne, par la victoire.

On ne sait guère, de cette bataille, que ce qu'en apprit au public le communiqué du 31 août. 17 heures. A propos de l'ensemble des Opérations dans le Nord, une phrase était glissée incidemment : ... Cependant, une bataille générale a été engagée avant- hier dans la région Ham-Péronne : cette bataille a été marquée, pour nous, par un succès important sur notre droite on nous avons rejeté la Garde prussienne et le Xe corps dans l'Oise...

En réalité, la bataille de Guise-Saint-Quentin fut tout autre chose qu'un heureux incident tactique, un coup de boutoir habilement asséné à l'ennemi et lui causant de lourdes pertes : ce fut le premier acte du grand drame stratégique que le général Joffre avait monté et dont il avait dicté le schéma dans l'Instruction générale du 25 août, 22 heures.

L'opération, quoique particulière encore, est déjà de grande envergure ; elle inaugure la défense du territoire français, au lendemain des batailles de Belgique. Si, par suite de circonstances quo nous allons exposer, elle ne parvint pas à protéger le massif de Coucy-Saint-Gobain, boulevard de Paris, elle contribua certainement à détourner l'ennemi de la capitale et, par conséquent, à sauver Paris lui-même.

Notre grand Etat-major, ayant repris, rien que par le fait qu'il la livrait, la maîtrise des événements, n'eut plus qu'à attendre l'heure de la bataille de la. Marne pour sauver la France.

Dès le 27 au matin, le général Joffre fait savoir au général Lanrezac, qui commande la 5e armée, qu'il considère l'offensive, projetée d'ailleurs par la 5e armée, comme indispensable. Il décide que la 5e armée portera sa gauche, le lendemain 28, entre l'Oise et Saint-Quentin pour attaquer les forces ennemies marchant contre l'armée anglaise. Le général Lanrezac a toute la journée du 27 pour se préparer. En même temps, c'est-à-dire le 27 août au matin, le général Joffre prévient le maréchal French, chef de l'armée britannique, qu'il donne l'ordre à la 5e armée d'exécuter, à la hauteur de Guise-Vervins, une vigoureuse attaque sur les forces ennemies qui suivent l'armée britannique, de façon à dégager celle-ci ; d'autre part, à la gauche de cette même armée, le corps de cavalerie du général Sordet la protégera contre toute action débordante de l'ennemi. Dans ces conditions, la présence de l'armée anglaise sur la ligne de la Fère contribuera au succès d'une manœuvre combinée sur le front de la Somme, en même temps que sur le front de l'Oise.

Les mesures ont été prises dans la journée du 27 ; le 28 au matin, le général Joffre s'est transporté au Quartier Général du général Lanrezac, à Marte, et il lui a donné, par écrit, l'ordre d'attaquer sans perdre une minute. L'objectif principal est la ligne Saint-Quentin-la Fère, puisqu'il s'agit d'abord de dégager l'armée anglaise et, en second lieu, de combiner l'action de 5ᵉ armée avec celle du général Maunoury. Cependant, le général Lanrezac n'est pas sans inquiétude pour sa droite : il craint que l'armée Bülow ne débouche un peu plus haut, sur l'Oise, vers Ribemont on Guise. Il est donc convenu qu'il prendra ses dispositions pour se protéger fortement de ce côté.

Le général Joffre se transporte alors au Quartier Général du maréchal French : il a gardé, jusqu'à cette heure, l'espoir que l'armée britannique lui apportera un concours quelconque, ne fût-ce que par sa présence autour de la Fère. Mais le maréchal French ne peut que lui montrer ses troupes exténuées. Leur état exige au moins un jour de repos. Elles ne pourraient intervenir utilement que si les circonstances devenaient plus favorables.

Joffre s'incline : mais il ne change rien à ses ordres : car, s'il n'attaque pas, il est attaqué. Déjà, on a perdu la journée du 28, et les Allemands ont passé l'Oise au pont de Guise. Avec où sans les Anglais, on marchera dès le lendemain 29, à l'aube.

La bataille du 29. — L'offensive sur Saint-Quentin. — La bataille de Guise Saint-Quentin se divise nettement, en deux parties : la bataille à *gauche*, en direction de Saint-Quentin, la bataille à *droite*, face à Guise-Étréaupont. Le sommet de l'angle que forment ces deux batailles, vise sensiblement Fontaine-Notre-Dame, c'est-à-dire les sources de la Somme à Fonsommes ; il s'agit, en fait, de franchir la crête et de rejeter l'armée de Bülow dans Saint-Quentin, et sur la Somme : ne pas oublier que l'armée du général Maunoury attaque l'armée von Klück, ce même jour, plus bas sur la Somme, à Proyart.

La force d'attaque sur Saint-Quentin se composait des corps suivants : 1e à gauche, le 4e groupe des divisions de réserve sur l'Oise, entre Vendeuil-Séry-lès-Mézières ; 2e au centre, le 18e corps, sur les pentes du Marlois (Villers-le-Sec-Parpeville) ; 3e à droite, le 3e corps, en face de Guise (Courjumelles-Bertaignemont-le-Hérie) ; ce corps est à la tête de l'angle et relie la bataille pour Saint-Quentin à la bataille pour Guise.

Le 18e corps (général de Mas-Latrie), prend la pointe ; il est appuyé, à droite, par le 3e corps (général Hache) et, à gauche, par le groupe des divisions de réserve (général Valabrègue).

Le 18e corps était à peu près intact, car il avait à peine donné à Charleroi, mais il était très fatigué en raison des difficultés de la marche en retraite. Pour une mission aussi difficile, la composition de la masse d'attaque de ce côté était un peu faible : ajoutons que, dans les corps, on comptait encore, le 29 au matin, non seulement sur la présence, mais sur l'action d'une partie, au moins, de l'armée britannique, attaquant Saint-Quentin par le Sud.

Le 18e corps, qui n'a pris nul repos de la nuit, s'ébranle à six heures, avec deux divisions en première ligne : la 36e division à gauche, direction Homblières ; la 38e division à droite, direction générale Marcy, par la cote 120 (N.-E. de Sissy). La 35e division, qui a été retardée dans sa marche vers Guise, comme nous l'avons dit ci-dessus, est en réserve et se portera sur la ligne du combat, selon les besoins, au fur et à mesure qu'elle arrivera : elle doit se rassembler à Parpeville.

Du haut de Villers-le-Sec, l'artillerie lourde seconde l'offensive et canonne au loin, de l'autre côté de la rivière, les villages occupés par l'ennemi.

En quelques minutes, les troupes des deux divisions de tête ont descendu dans la vallée : elles la traversent et abordent les hauteurs de la rive droite. A six heures trente, le 180 corps occupe les premiers objectifs assignés, les troupes grimpent les pentes-de la rive droite en débouchant de Ribemont, Sissy, Châtillon-sur-Oise, Séry-lès-Mézières et Mézières-sur-Oise ; elles tiennent admirablement leurs contacts.

A huit heures cinq, les objectifs indiqués pour le deuxième bond sont atteints. Toutes les hauteurs de la rive droite sont occupées. L'artillerie divisionnaire, avec ses batteries de 75, a suivi le mouvement et couronné ces n'érines hauteurs en prenant ses vues sur Saint-Quentin et la route de Guise.

En soutien, la 35e division arrive elle-même sur le terrain à neuf heures trente ; on voit ses bataillons compacts déboucher de Parpeville-Pleine-Selve pour caler toute la manœuvre.

Succès ! L'ennemi cède partout. Sur les plateaux, Itancourt, Neuville- Saint-Amand sont abordés. L'aile gauche du 18e corps est à la ferme Lorival, juste à égale distance de la route de Guise et de la route de la Fère.

Mais, ici, les troupes ont une grande désillusion. On leur avait annoncé l'arrivée des forces britanniques. Elles les attendent des heures. lit rien ne se présente. La liaison de cavalerie s'est étendue vers la route de la Fère et n'a pas trouvé une patrouille britannique. Les Anglais n'arrivent pas !... Le colonel du 49e est sur cette position de Lorival, les yeux tournés vers l'Ouest, et il ne voit rien. Il n'est pas encore prévenu du grand changement qui vient de se produire dans les ordres.

Mais voici que le commandement traduit ce changement pour les divisions du 18. corps par une modification soudaine dans la manœuvre : au lieu de continuer à se porter vers le Nord pour couper la ligne de Guise, ces divisions s'étendront au Sud-Ouest, vers Urvillers, de façon à consolider l'offensive dus divisions de réserve sur la route de la Fère. Car la mission des divisions de réserve est modifiée également : au lieu de se borner à soutenir le 18. corps, elles auront à procéder elles-mêmes à l'attaque sur Saint-Quentin.

Le 18e corps opère le mouvement de conversion à gauche qui lui est ordonné.

Offensive des divisions de réserve, le 29 avant midi. — Selon les premières instructions, le groupe des divisions de réserve n'avait pas un rôle de première ligne dès le début de la bataille. Dans la disposition en forme d'angle, adoptée par le commandement, ces divisions se présentaient en échelons refusés, à gauche du 18e corps, avec un triple objet : caler ce corps à l'Ouest, garder les liaisons avec l'armée britannique vers la Fère, protéger la route de la Fère à Saint-Quentin. L'action décisive des divisions de réserve, descendant de la côte de Surfontaine, ne devait se produire que comme coup de massue final sur Saint-Quentin. On les ménageait pour cet objet.

Jusqu'à dix heures du matin, les divisions se reposent — sauf la brigade Journée qui revient de Guise et est accrochée à la défense des ponts —. La 69e division de réserve (général Legros), occupant la droite, couvre le 18e corps contre toute attaque venant de gauche. Elle surveille, à cet effet, les ponts d'Hamégicourt. Mais, à neuf heures et demie, le général Valabrègue, qui commande le groupe, est prévenu qu'il n'y a plus lieu d'attendre l'armée britannique et il reçoit l'ordre d'attaquer immédiatement Saint-Quentin par le Sud. Donc, le 4e groupe de divisions de réserve doit, avec toutes ses forces disponibles, franchir l'Oise, à son tour. Outre l'artillerie divisionnaire, il est appuyé par trois groupes d'artillerie lourde mis à sa disposition.

La brigade Néraud, de la 69e division de réserve (général Legros), passera l'Oise aux ponts d'Hamégicourt, Berthenicourt et se portera sur Urvillers pour tendre immédiatement la main au 18e corps sur Itancourt. D'autre part, cette même division gardera ses communications avec la route de la Fère par Essignv-le-Grand. La 53e division de réserve opérera plus au Sud et, après avoir franchi l'Oise, occupera la région Benay-Cerizy. Une brigade de la 69e division, la brigade Rousseau, passe l'Oise à Berthenicourt et se tient en réserve à la ferme Puisieux pour se porter, selon les besoins, soit au Nord vers Urvillers-Itancourt en vue de soutenir la liaison avec le 18e corps, soit au Sud, vers Bellay-Cerizy, pour protéger la route de la Fère.

Le général Legros, commandant la 69e division, prend la direction du mouvement. Se tenant fortement en liaison avec le 18e corps par Berthenicourt et Mézières-sur-Oise, il débouche au delà de la rivière et marche sur Urvillers et Essigny-le-Grand. Il atteint Urvillers, puis Essigny-le-Grand. En liaison avec le 180 corps à Itancourt, il accomplit ainsi le mouvement d'encerclement sur Saint-Quentin : cinq kilomètres au plus séparent les premières lignes des faubourgs de la ville.

Mais von Bülow commence à réagir. Les troupes de son VIIe corps se défendent énergiquement sur Urvillers. Urvillers est perdu, puis repris. Le combat s'acharne en ce point. L'artillerie lourde allemande canonne les soldats du général Legros qui réclament, à leur tour, l'appui du canon. Bülow sent un moment de fléchissement de la ligne ennemie. Il concentre sur Urvillers tous les feux de l'artillerie dont il peut disposer. La position devient intenable.

Le général Valabrègue, en attendant que sa 53e division puisse intervenir, réclame l'appui du 18e corps sur sa droite : Tout l'appui que vous pourrez me donner à Urvillers, fait-il dire au général de Mas-Latrie, consolidera les résultats à atteindre en commun par le 18e corps et le 4e groupe de divisions de réserve. Et, en effet, c'est à Urvillers que se trouve, maintenant la clef de Saint-Quentin.

Offensive du 3e corps avant midi. — Le 3e corps qui, dans la disposition en angle, venait un peu en seconde ligne pour appuyer le 18e corps, devait se porter sur le secteur de l'Oise compris entre Ribemont et Macquigny. Mais la disposition des lieux est telle qu'une offensive accomplie dans ce secteur, face à l'Ouest, a pour inconvénient de laisser Guise en arrière et de se décrocher, en quelque sorte, de cette ville. Or, Guise et la boucle de l'Oise ayant été occupés par l'ennemi dès la veille au soir, offrent à l'ennemi les avantages d'une tête de pont : ainsi, il peut prendre à revers une armée se détachant de l'Oise et s'approchant trop rapidement de Saint-Quentin.

Les conséquences de cette disposition vont se faire sentir surtout au 3e corps ; car c'est lui qui, tout en appuyant l'offensive sur Saint-Quentin par sa gauche, doit, par sa droite, faire face à la boucle de l'Oise. Il est obligé de passer l'Oise, de la rive gauche à la rive droite, devant un ennemi qui a, lui-même, passé la rivière de la rive droite à la rive gauche et qui ne peut manquer. s'il le voit bouger, de s'accrocher à son flanc.

Pour le 29 au matin, le général Hache a pris ses dispositions ainsi qu'il suit : le corps se préparera à passer l'Oise, dès l'aube, avec direction d'attaque vers l'Ouest. Son but principal est de soutenir et de seconder l'offensive du 18e corps.

La 6e division (général Bloch), partant de Courjumelles, passera l'Oise à 9 heures 30, entre Origny-Sainte-Benoîte et Bernot, de façon à se porter, de Thenelles, vers l'Arbre des Saints et ultérieurement, s'il y a lieu, vers les sources de la Somme.

La 5e division (général Verrier), partant des hauteurs de Bertaignemont, passera l'Oise entre Bernot et Macquigny, c'est-à-dire *juste à l'entrée de la boucle de Guise*. Mais elle surveillera avec la plus grande attention les débouchés de Guise vers la ferme de Bertaignemont et tiendra en flanc-garde deux régiments chargés de contenir la pression de l'ennemi.

Comme la 37e division (division d'Afrique, général Comby) n'est pas encore arrivée sur le terrain, elle consolidera la manœuvre dès son arrivée et, selon les circonstances, appuiera le flanc-garde ou soutiendra l'offensive.

Mais c'est ici qu'apparaît l'avantage pour l'ennemi de l'initiative qu'il a prise dès la veille. La ville de Guise et la rive gauche étant occupées, il a été à même d'élargir et de fortifier sa tête de pont, sur la rive sud, pendant la nuit et, tandis que les divisions du 3e corps s'attardent un peu, il les attaque résolument au pied des plateaux du Mariols, c'est-à-dire vers la ferme de Bertaignemont à 4 kilomètres au sud de Guise.

Les abords du plateau de Bertaignemont sont occupés par le 36e d'infanterie qui, surpris, cède du terrain, entraînant dans son mouvement le 239e. Et ce recul s'opère de telle sorte que la 5a division, qui le subit, est obligée de s'adosser à la 6e division et de combattre *face au Nord* dans les bois de Bertaignemont, tandis que sa voisine la 6e division, a pour ordre de combattre *face à l'Ouest*, pour appuyer le 18e corps. C'est le point précis où la bataille pour Saint-Quentin s'articule (et assez mal comme on le voit) à la bataille pour Guise.

Il est onze heures.

En raison de l'échec infligé à la brigade de la 5a division qui regarde Guise et la boucle de Guise vers Macquigny, cette division est dans l'impossibilité de se rassembler pour passer l'Oise.

Cependant la 6e division, qui tient la gauche, n'a pas renoncé à marcher sur Origny, où le 18e corps l'attend. Laissant les soutiens nécessaires pour protéger l'artillerie du corps à Courjumelles, elle descend des plateaux, se porte en direction générale de Jonqueuse, tandis que la 5e division garde la ligne de flanc, dans le petit bois à 1.500 mètres, nord, de Landifay.

Heureusement, à ce moment critique, la 37e division (troupes d'Afrique) débouche sur le champ de bataille : elle a ordre de jeter, immédiatement, une de ses brigades par Saint-Remy pour reprendre la ferme de Bertaignemont. D'autre part, la 6e division a forcé les ponts à Origny-Sainte-Benoîte et elle se développe sur la rive droite. Elle seconde ainsi le mouvement du 18e corps en direction de Marey-Homblières. Mais, sur ce terrain très dur, le progrès ne peut se faire que difficilement. Et le généra Hache est toujours inquiet pour sa droite.

Le général, ayant toutes ses ressources en mains, se résout alors à faire un effort pour maîtriser l'ennemi. Il prend le parti de se retourner, pour en finir avec les éléments du Xe corps allemand débouchant de Guise laissant donc seulement quelques éléments de la 6e division sur la rive droite, il forme une masse d'attaque avec ses deux divisions et les jette simultanément sur la cote 136 qui domine Jonqueuse et Macquigny et sur la ferme de Bertaignemont. En un mot, il se retourne, de lui-même et momentanément, de Saint-Quentin sur Guise.

Il est midi trente. On comprend, maintenant, qu'à cette même heure, le 18e corps, dans son offensive sur Saint-Quentin et au moment où le groupe des divisions de réserve lui demande du secours à l'Ouest, se sente mal appuyé à l'Est. Quelques bataillons seulement et de l'artillerie du 3e corps sur la rive droite, au lieu du corps tout entier. Sa propre offensive, loin de pouvoir se développer, est arrêtée.

La bataille pour Saint-Quentin, l'après-midi du 29. — Échec de l'offensive. — Nous sommes au milieu de la journée du 29.

La bataille est en suspens. Comment va-t-elle se décider ?

Il s'agit de suivre, d'abord, la pointe du 48e corps au moment où la 69e division de réserve demande du secours à gauche vers Urvillers et où le 3e corps, à droite, se détourne de la route de Guise à Saint-Quentin pour repousser le Xe corps actif allemand qui, de Guise même monte, à l'assaut de Bertaignemont-Colonfay.

Deux des divisions du 18e corps ont atteint Homblières et Marey sur la route de Guise et, de là, attendent le 3e corps ; à gauche, le 18e corps s'est allongé vers Urvillers pour donner la main au groupe des divisions de réserve.

Dans ces conditions, il était bien difficile au général de Mas-Latrie de répondre, en plus, à l'appel des divisions de réserve arrêtées devant Urvillers. Cependant, il peut encore porter de ce côté une partie de son artillerie divisionnaire.

En somme, l'offensive du 18e corps en direction de Saint-Quentin se trouve réduite à une division, la 36e ; celle-ci est en flèche, mal protégée à droite et à gauche. Et c'est le moment où commencent à déboucher sur le champ de bataille, du côté des Allemands, les renforts appelés par von Bülow. Le corps de cavalerie de Richthofen, le Xe corps de réserve, prêtent main-forte à la contre-attaque sur Itancourt-Urvillers et permettent ainsi au VIIe corps actif de s'élargir sur la route de Guise, vers Homblières et au delà.

Cependant, l'offensive des divisions de réserve n'a pas dit son dernier mot ; la 53e division de réserve (général Perruchon), n'a pas encore donné. Sur l'ordre du général Valabrègue, elle s'ébranle et s'avance, à son tour, pour prêter main-forte à la division Legros.

Mais les renforts allemands, entrés en ligne, deviennent de plus en plus nombreux et portent leur contre-attaque sur Hinacourt-Urvillers.

Le général Legros ne peut tenir plus longtemps. Après avoir subi de lourdes pertes, il doit abandonner définitivement Urvillers, repris une troisième fois ; il perd la ferme de Puisieux ; il perd la Guinguette. Il se demande même s'il pourra tenir sur la rive droite de la rivière. Or, au même moment, le 18e corps (général de Mas-Latrie) fait savoir que, menacé sur sa droite, il est obligé de se replier également au delà de l'Oise, à Mézières et Châtillon-sur-Oise.

D'autre part, des troupes allemandes (sans doute du Xe corps de réserve) apparaissent sur la Fère et y écrasent un de nos bataillons, bataillon Brémont à Ly-Fontaine.

Le général Perruchon sait, d'ailleurs, que les Anglais sont, d'ores et déjà, à un jour de marche en arrière. Il craint d'être tourné. Il ordonne à son artillerie de quitter la hauteur de Cerizy où elle est encore, tirant toujours sur Urvillers, et de repasser l'Oise à Vendeuil et à Hamégicourt.

En somme, les divisions de réserve ont perdu le terrain conquis dans la matinée. Mais elles gardent les débouchés de l'Oise depuis Vendeuil, aux portes de la Fère, jusqu'à Berthenicourt et maintiennent, en ce dernier point, leur liaison avec le 18e corps. La bataille tombe avec la nuit ; l'ennemi ne poursuit pas.

La bataille pour Guise, le 29 août. — Comme la bataille pour Saint-Quentin, la bataille pour Guise, dans la journée du 29, a eu ses alternatives, mais en sens contraire : âpre et contestée dans la matinée, elle tourne, dans l'après-midi, au succès déclaré.

Nous avons mis les deux forces en présence sur le terrain, le 28 au soir ; d'une part, la force allemande composée de la Garde à l'Est et du Xe corps actif à l'Ouest, et, d'autre part, le 10e corps français, le 1er corps, la 51e division de réserve et la 4e division de cavalerie. Nous avons vu l'avantage pris, dès le 28 au soir, par les forces allemandes qui se sont emparées des ponts de Guise et de Flavigny. Nous avons vu, par contre, la précaution prise par le général Lanrezac, qui, soucieux de parer à une attaque possible des forces allemandes sur sa droite. a consolidé la face Nord-Est de l'angle formé, de ce côté, par son armée.

En forçant le débouché de Guise, le 28, et en consolidant leur tête de pont, dans la nuit du 28 au 29, les Allemands avaient, en raison-de la nature du terrain, pris une position extrêmement forte. Ce fut, pour l'armée française, une entrave dont nous avons vu les suites dans la bataille pour Saint-Quentin et nous allons les retrouver, maintenant, dans la bataille pour Guise.

Dès l'aube, le général Lanrezac s'est aperçu qu'il n'est plus entièrement maitre de ses mouvements : tandis qu'il attaque sur Saint-Quentin, il est attaqué à la fois à l'Ouest de Guise, à Guise et à l'est de Guise. Son attention est, nécessairement retenue de ce côté.

Les deux corps allemands qui tentent ainsi de déplacer l'axe de la bataille sont répartis, à leur arrivée, sur toute la ligne de l'Oise : à droite, le Xe corps (Macquigny-Guise-Flavigny) ; à gauche, la Garde (de Flavigny à Montceau-sur-Oise, Marly, Étreaupont). Grâce à sa tête de pont de Guise, l'ennemi, prenant l'initiative, attaque de front à partir des premières heures du jour.

Le général Lanrezac a compris le danger auquel l'expose la manœuvre ennemie : aussi, dès le 28 au soir, il a pris ses dispositions pour être en mesure d'exercer le cas échéant, une action décisive de ce côté. Il peut disposer d'un corps tout à fait intact, le 1er corps. Changeant l'ordre de marche, il a glissé ce corps entre le 3e et le 10e, de manière qu'il puisse, le cas échéant, frapper à droite ou frapper à gauche ; en un mot, il a consolidé encore la forme angulaire qu'il a adoptée en s'inspirant des circonstances et de l'initiative de l'ennemi.

De telle sorte que, dans la nuit du 28 au 29, le 1er corps, doublant le pas, est en train de s'intercaler juste en face du débouché de Guise, sur les pentes des plateaux ; l'opération demande quelque temps pour être exécutée ; mais, à 9 heures 30, la 1re brigade et un groupe d'artillerie auront atteint Landifay et pris la liaison avec le 3e corps. Les autres éléments arrivent successivement : la 2e brigade et le 2e groupe d'artillerie divisionnaire à hauteur du chemin de Faucouzy sur la grande route transversale de Vervins à Guise ; la 2e division, plus en arrière de quatre kilomètres, à Housset.

Par cette belle manœuvre, Lanrezac pare à tout événement : si une fissure se produisait entre les corps qui opèrent sur Saint-Quentin et ceux qui restent entre Guise et Vervins, on la comblerait par l'intervention du 1er corps ; sinon, le 1er corps renforcerait puissamment l'offensive principale sur Saint-Quentin.

Combats du 10e corps et du 1er corps sur les pentes et la crête du plateau du Marlois. — Tandis que l'ennemi a franchi ou est en train de franchir les ponts de l'Oise de Macquigny à Étréaupont, trois corps de l'armée Lanrezac s'apprêtent à le recevoir ou même à descendre sur lui du haut du quadrilatère marlois.

La bataille s'est engagée très ardente, dès l'aube du 29. Aux dernières heures de la nuit, la nouvelle de la perte des ponts de Guise et de Flavigny s'étant confirmée, le 10e corps a reçu l'ordre de prendre son point de départ de Puisieux et de s'emparer, à la pointe du jour, du village d'Audigny qui commande les fonds d'Oise. La 20e division est chargée de cette mission ; la 19e division la soutiendra au sud de Colonfay, à cheval sur la route de SainsRiehatimont, tout en gardant les autres ponts de l'Oise à Romery, Montceau, Proisy.

La 38e brigade est en réserve du corps d'armée Sains-Richaumont.

En même temps, la bataille se prolongeait, plus à droite encore, jusqu'à Vervins. Toute la route transversale au plateau était en feu.

Tandis que le 1er corps se prépare à intervenir au centre, la 4e division de cavalerie et la 50e division de réserve résistent autour de Vervins. De ce côté, c'est-à-dire à son extrême-gauche, l'ennemi a franchi l'Oise ; il débouche d'Etréaupont-Autreppes pour tenter son mouvement tournant par Haution vers la Vallée-aux-Bleds-Voulpaix. Mais la brigade de cuirassiers lui tombe sur le dos vers Voulpaix-Féronval, la brigade de dragons vers Haution-Féronval, la brigade légère demeurant en réserve à Fontaine-les-Vervins. Vers midi, la 51e division de réserve qui vient de Tavaux commence à arriver à Gercy ; elle s'engage sur le front Voharies-Gercy et prend en flanc les Allemands qui attaquent le 10e corps et déjà l'ennemi est refoulé au delà de la crête de Voulpaix et en direction de l'Oise, quand, enfin, se déclenche, sur tout le front de bataille, la contre-attaque générale prévue et préparée par le commandement, exécutée par le général Franchet d'Esperey.

La bataille de Guise est à son tournant.

Le général Franchet d'Esperey s'est fait rendre compte de la situation. A 15 heures 30, il adresse, à toutes les forces dont il dispose, l'ordre de prendre l'offensive en encadrant le Xe corps et en liant partie, à droite, avec la 4e division de cavalerie et la 51e division de réserve, à gauche avec le 3e corps. Le 10e corps tient toujours le carrefour de Sains-Richaumont. Il a repris du terrain à Lemé. La 4e division de cavalerie et la 51e division de réserve ont arrêté le débordement allemand par la droite (Voulpaix-la-Vallée-aux-Bleds-Féronval).

C'est la minute décisive ; l'ennemi est à bout de souffle ; nulle part il n'a pu enlever la crête du quadrilatère ; ne disposant que de deux corps, le Xe corps, entre Jonqueuse et Colonfay, et la Garde, entre Guise et Etréaupont sans cavalerie, sans réserves, déjà il est arrêté. Comment supporterait-il une puissante réaction soigneusement préparée et vigoureusement menée avec des troupes fraîches ?

A 15 heures 30, l'offensive générale se développe depuis Mont-d'Origny jusqu'à Vervins, c'est-à-dire sur toute la ligne transversale du quadrilatère. Le général Hache à gauche, sur Mont-d'Origny-Jonqueuse, comme nous l'avons dit précédemment ; puis, mêlées en quelque sorte aux divisions du 10e corps, les divisions et les brigades du 1er corps : près du général Hache, en liaison avec lui, la 4e brigade (général Pétain) marchant sur Bertaignemont et la Râperie, un peu en arrière toutefois ; au centre, la force principale du corps, la 1re division, marchant d'abord sur la ferme la Bretagne et Le Hérie, et au delà sur Clanlieu et Audigny ; à droite, la 3e brigade partant de Housset et marchant sur Chevennes et Le Sourd. L'artillerie des corps fait feu de toutes ses pièces sur les pentes où se sont arrêtées les troupes allemandes épuisées.

Le 10e corps est resté, presque partout, sur le front de bataille. Le 13e hussards a couvert la gauche du corps d'armée vers Le Hérie-la-Viéville jusqu'à l'arrivée du 1er corps. Entre Housset et Chevennes se trouve la 40e brigade et une grande partie de la 39e brigade avec le 70e régiment : de l'extrémité est de Sains jusqu'à Voulpaix, la ligne reste formée par sept bataillons dont le bataillon Boniteau qui n'a pas cédé un pouce de terrain depuis le début de la journée.

L'infanterie s'ébranle d'un seul mouvement, vers dix-sept heures, sur un front de 25 kilomètres. Le général Franchet d'Esperey est à l'ouest de Le Hérie et il progresse avec la brigade Sauret. Les troupes françaises descendent au pas de charge en demi-cercle et convergent vers Guise par toutes les pentes du plateau. Elles balaient l'ennemi. Jonqueuse est repris ; Bertaignemont est repris ; Puisieux, Clanlieu. Colonfay sont repris ; Richaumont est repris ; l'ennemi est chassé de la crête, puis des pentes ; il est rejeté dans les fonds d'Oise.

A la tombée de la nuit, l'ennemi' battait en retraite partout, poursuivi par nos éléments les plus avancés jusqu'aux portes de Guise. Sauf un incident, au Mont-d'Origny, bientôt réparé, le succès était général et tous les corps engagés y avaient eu leur part.

Journée du 30. — La journée du 29 se résume en deux mots : échec à gauche, succès à droite. On eut, dans la nuit, la confirmation que le corps de la Garde et le Xe corps actif avaient repassé l'Oise ; on sut aussi, qu'après les terribles efforts de la journée du 29, — passage de l'Oise en avant du plateau du Marlois, alternatives du combat à Jonqueuse, Audigny, Sains-Richaumont, Lemé, Haution, Voulpaix, et, finalement, lutte désespérée contre la magistrale offensive de Franchet d'Esperey, — ces corps étaient dans l'impossibilité de soutenir, à eux seuls, le poids d'une nouvelle lutte.

D'autre part, Bülow ne pouvait leur venir en aide. Sa course folle vers l'Ouest avait dévoré tous ses effectifs disponibles. Au dernier moment, avec une témérité inouïe, il avait dégarni absolument sa gauche. En enlevant le Xe corps de réserve et le corps de cavalerie du général de Richthofen, il avait fermé les yeux sur ce qui pouvait arriver de ce côté. Et il n'avait, d'autre part, aucun soutien à attendre de l'armée von Hausen ; car celle-ci était engagée et avait eu à soutenir les rudes combats de La Fosse-à-l'Eau et de Signy-l'Abbaye contre de Langle de Cary et elle était arrêtée à la coupure de l'Aisne.

Si la droite de t'armée française continuait son mouvement sur Guise, en manœuvrant, à droite, dans la région d'Etréaupont où elle avait pénétré, l'ennemi, déjà rejeté sur la rive Nord, était pris par ses communications. coupé sur ses derrières et menacé d'un désastre.

Mais, à gauche, du côté de Saint-Quentin-la-Fère, la situation était toute différente. Non seulement l'armée britannique n'avait pu prendre part à la bataille du 29, mais elle s'était retirée, abandonnant-la région de la Féru, et elle avait décidé de se retirer plus loin encore, derrière l'Aisne, jusqu'à Soissons.

Ainsi la poche non seulement s'était créée, mais s'approfondissait d'heure en heure. Quant à la fissure entre les deux armées allemandes, elle était comblée. Si Bülow avait beaucoup perdu en dégarnissant sa gauche, il avait beaucoup gagné en renforçant sa droite. La cavalerie de Richthofen avait pris part à la bataille sur la route de la Fère et envoyait déjà une avant-garde sur la route de Saint-Gobain ; le Xe corps de réserve, malgré sa course formidable, se mettait, lui aussi, en mouvement et marchait sur la Fère, par Montescourt. En plus, von Klück, appelé à l'aide, envoyait à Bülow tout ce dont il pouvait disposer.

Les chances étaient pour le moins égales et il parait juste de dire que, tactiquement, elles penchaient en faveur de l'armée française, si elle poursuivait son succès le lendemain.

Joffre ordonne la retraite. — Mais d'autres considérations étaient à peser. L'armée Lanrezac restait en flèche ; à sa droite et à sa gauche, elle était découverte. Malgré la merveilleuse position tactique qu'elle occupait sur les plateaux du 'dartois. avec la tête de pont de Guise reconquise et le mouvement possible sur les derrières de l'armée Bülow entre Guise et Etréaupont, fallait-il la maintenir à tout prix sur cette ligne avancée pour la lancer à la recherche de résultats incertains quand, sur tout le reste du front, les armées française et alliée reprenaient l'exécution de l'Instruction générale du 25 août c'est-à-dire le repli jusqu'à l'Aisne, et, s'il était nécessaire, jusqu'à la Marne ?

A cette question il n'y avait pas deux réponses : le bon sens, la sagesse imposaient la plus pénible, la plus douloureuse. Le général Joffre a dit, qu'en donnant l'ordre d'arracher la 5a armée à la victoire de Guise, il avait éprouvé un des déchirements les plus profonds de sa carrière militaire. Et cela se comprend. Mais son opinion était conforme à celle du vainqueur de la journée de Guise, le général Lanrezac. Celui-ci sentait le danger : La situation de la 5e armée devint plus périlleuse de minute en minute. Si elle reste, le 30 août, dans la région Vervins-Guise-Ribemont, découverte qu'elle est à gauche par suite du recul précipité des Anglais et à droite par le départ de la 4e armée, dont elle est séparée par un trou de 30 kilomètres surveillé seulement par quelques escadrons, elle devra faire face à l'Ouest, au Nord et à l'Est.

La retraite fut donc décidée. La situation tactique la conseillait, la conception stratégique l'imposait. L'heure de l'offensive générale n'était pas sonnée.

La résolution en était prise au Grand Quartier Général et les ordres dictés par le général Joffre, dès la nuit du 29 au 30. Le général Lanrezac fut confirmé dans ces dispositions par un message du 30 août au matin.

La bataille de Guise-Saint-Quentin avait d'abord refoulé l'ennemi, puis elle l'avait arrêté, enfin en lui faisant sentir le poids de l'initiative française elle ne lui avait permis de passer qu'au prix des plus lourds sacrifices. Au lendemain de la bataille de Guise, le chef de la IIe armée, von Bülow, crie au secours et, à cet appel, von Klück est obligé d'abandonner sa marche sur Paris ; il commence son fameux raccourcissement vers l'Est qui est l'origine de la bataille de la Marne.

Ainsi s'affirme l'importance de la bataille de Guise. Elle est le premier acte du grand drame militaire qui, par la volonté de Joffre, allait s'ouvrir.

CHAPITRE IV. — DANS LA BATAILLE.

A. — La vallée en armes.

(septembre 1914.)

Je l'ai revue cette vallée de l'Aisne qui vient d'ajouter, à tant de souvenirs, une page qui sera l'une des plus belles de l'histoire du monde. J'étais anxieux de savoir comment elle s'était aménagée pour encadrer l'héroïsme de nos soldats : elle est magnifique !

Quand nous débouchâmes, la brume trainait encore sur la rivière ; on entendait le canon gronder au loin d'un son mou, comme à travers de l'ouate. Soudain, le rideau se déchira ; le soleil parut, et d'un rayon froid, illumina toute la contrée. Et de la colline où nous étions, la vallée, peu à peu découverte, déroulait un spectacle grandiose et militaire.

Nos regards se portèrent d'abord sur l'autre versant, au haut de la falaise à pic, où nous cherchions les toits familiers. On eût dit le mur d'une forteresse crénelée, et, — pour compléter l'impression, — au-dessus, dans le ciel bleu, s'élevaient, de temps en temps, les flocons blancs des artilleries lointaines tirant sur les avions à intervalles réguliers.

La vallée, dénudée et de lignes sobres, s'était mise, elle aussi, en état de guerre : elle avait perdu sa bonhomie souriante, mais comme elle était plus belle en sa gravité mâle !

Les arbres coupés, les champs ridés, non par les roues des chariots paisibles, mais par celles des canons et des caissons, les chevaux de la cavalerie au piquet et faisant la jolie tache blanche qui relève le pimpant uniforme des chasseurs d'Afrique ; les avenues, les bois occupés ; sur les routes, les patrouilles, les pelotons en marelle ; le défilé interminable des convois à la Kipling, avec les hommes en kaki, fumant la pipe au dodelinement des cahots : parfois, dans les champs, les rangées de tombes où les héros inconnus dorment côte à côte soies la croix improvisée fleurie du petit drapeau tricolore : partout, c'est une animation silencieuse et résolue.

Du fond de la vallée, montent, en longues spirales, les fumées des pailles Uri brûlent les chevaux morts, et plus haut, .très 'haut, comme un épervier perdu dans le ciel, un aéroplane allemand plane, décrivant de grands cercles et surveillant la contrée.

Après avoir passé le pont des Anglais à Villers-Œuilly, nous avons pris le chemin en zigzag qui conduit au haut de la falaise. Nos troupes l'ont, heureusement, conquise du premier bond : elle a senti à peine le pied de l'ennemi en fuite ; mais on dirait que, de l'avoir perdue si vite, il prétend se venger, car il canonne, et ses obus viennent sans cesse érafler le rebord où le vieux village reste accroché parmi les ruines.

De là-bas, à huit ou dix kilomètres, la trombe monte avec un hurlement, elle traverse les airs en giclant, touche le sol et le creuse d'un choc lourd : un boum, un trou, quelques éclats et puis le silence : Une marmite ! disent les soldats, et ils tournent à peine la tête. Ils riraient plutôt de cette fureur canonnante. Un champ de betteraves a subi, pendant tout un après-midi, la vaine rafale.

Répand-on cette semence pour que nous récoltions, contre eux, une moisson de fer ?

Dans un calme parfait les soldats français gardent cette ligne qui protège la France ; alternativement, ils vont faire la relève dans les tranchées ; une foule d'héroïsmes inconnus se succèdent là. On les ignore, ils s'ignorent eux-mêmes. Les braves gens ! Ils sont si sûrs de la victoire qu'ils n'ont plus de nerfs ; l'ordre qui les jettera sur les lignes canonnantes, ils savent qu'il viendra, et ils l'attendent dans une parfaite sérénité.

B. — Le Chemin des Dames.

(octobre 1914).

Le Chemin des Dames relie Anisy-le-Château à l'ouest à Craonne, par Hurtebise, à l'est.

La ferme d'Hurtebise offre un exemple poignant de la vie historique de ces contrées : elle est vouée à la désolation et à la gloire. En 1814, elle assistait à la victoire remportée par Napoléon ; l'Empereur s'assit, le jour de la bataille, sous les tilleuls séculaires de la Mutte au Vent qui ombrageaient le portail de la ferme.

Hurtebise, son nom l'indique, est exposée à tous les vents, dans un pli de terrain que fait le plateau de Craonne, quand il se creuse pour unir la Vallée-Foulon tournée vers l'Aisne à la vallée de l'Ailette qui ouvre le chemin de Laon.

Les ruines puissantes de l'abbaye de Vauclerc, bâtie par saint Bernard, détruite par la Révolution, sont à ses pieds. En face, sur une autre extrémité du promontoire, se voyait encore, il y a quelques mois, une vieille ferme mérovingienne, citée dans un récit d'Eginhard, contemporain de Charlemagne ; elle s'appelle La Tour de Paissy ; un colombier, une tour aux fondations antiques, la signale à toute la vallée.

Le Chemin des Dames longe les champs de la ferme ; et, au point culminant, un vieil orme, un Sully, surveille le plateau. On dit que l'Empereur, quittant le moulin de Craonne, à l'heure où les armées ennemies battaient en retraite, s'avança jusqu'à l'arbre de Paissy. La route des Dames, comme les très vieux chemins, suit les crêtes.

En prenant la déclive du coteau, on gagne la vallée de l'Aisne par le chemin que suivit Jeanne d'Arc et qui s'appelle encore le chemin des Romains. Un dolmen érige son énigme séculaire sur la terrasse naturelle d'où on aperçoit Soupir et, au loin, Vailly. Quand Jeanne d'Arc prit cette route, elle allait à Vailly avec Charles VII. pour recevoir les clefs de la ville de Laon.

On se bat à Vailly, on se bat à Vauclerc, on se bat à cette extrémité de la route des Dames que les communiqués appellent le plateau de Californie. Vauclerc et Vailly sont les deux seuils du massif de Craonne. La vallée de l'Ailette le contourne, et, par Anisy, mène à Laon, d'une part, et, d'autre part, à Coucy-le-Château.

Tous ces grands noms ont en des rapports historiques constants. Coucy-le-Château occupe un des sommets du redoutable massif. Le château énorme appartenait aux Condés, qui, par un réseau de donjons et de fortins reliés par des souterrains, avaient combiné son action avec celle de l'autre forteresse, La

Ferté-Milon. Ce sont toujours les mêmes lieux et c'est toujours la même histoire. On se battait dans les cavernes — dans les creuttes, comme ils disent dans le pays, — il y a des siècles.

Des carrières immenses creusent la colline de Bourg-et-Comin, que les poilus ont baptisé Madagascar et où s'était réfugié le lieutenant de César, Q. Tiburius Sabinus quand celui-ci défendait la Gaule contre l'invasion des hommes du Nord. On y retrouva, il y a quelques années, toute une ville souterraine, avec une quantité inouïe de silex, de poteries et d'armes gauloises. Et voilà que ces mêmes carrières servent, aujourd'hui, les unes à la défense de l'ennemi, les autres au refuge des malheureuses populations bombardées. Les tranchées, reprises hier, sont sur les vestiges de ces vieilles circonvallations... C'est toujours la même bataille !

La Tour est rasée, Hurtebise est détruite ; Vailly est en ruine ; l'église qui vit Jeanne d'Arc s'est effondrée ; les ruines de Coucy ont sauté ; le chemin des Dames lui-même a craqué un instant. Mais il est vite redevenu ce qu'il a été, à travers les siècles, le boulevard de la défense et de la liberté gauloise et française.

CHAPITRE V. — SOUS LES OBUS. - LA POPULATION CIVILE DE L'AISNE PENDANT LA GUERRE.

(1917).

L'Histoire et l'Epopée diront la gloire des soldats ; serait-il juste qu'elles laissent dans l'ombre les souffrances des populations civiles toujours renaissantes et toujours frappées.

De Dunkerque à Belfort, les populations civiles, sur une bande de territoire, large d'au moins trente kilomètres, bordant la ligne de bataille, ont tout vu, tout subi, tout souffert,... et elles tiennent.

Le lieu de leur séjour est, pour ainsi dire, tabou. Personne ne peut y pénétrer, personne ne peut en sortir, — sauf dispenses tellement rares et entourées de telles précautions, qu'il est presque inutile d'en parler. D'ailleurs, les moyens de locomotion manquent ; pas une automobile, par une voiture digne de ce nom ; quelques haridelles et quelques charrettes ; des cabriolets et des tape-culs qu'aurait décrits Balzac. Voitures d'enfants, voitures à bras, voitures à chien, tout roule et roule tout. La civilisation a remonté le cours des temps ; on vivait, sans doute, comme cela au moyen âge.

Nos gens ont plié leurs âmes, comme ils courbent le dos sous le poids de la destinée. Ils acceptent. A l'intérieur de la zone, de bourg en bourg, de village à village, les communications sont à peu près interdites : tout visage nouveau est suspect. Chacun vit chez soi, pour soi. Au creux des vallons, à la queue des bois, au rebord des crêtes, les villages, les hameaux, les fermes, les chaumières sont accroupis, terrés sans perspectives, sans issue, sans ressources. Les champs sont en friche : l'horloge est arrêtée les cloches ne sonnent plus.

Pourtant, en cette vie restreinte, étouffée, le pouls bat encore. Des vieux, des femmes. des enfants restent groupés autour des foyers noirs. L'homme est parti, tué, disparu (oh ! le mot cruel). La guerre s'est installée. On ne se demande même plus si elle finira et comment elle finira. Au cœur vide comme au foyer, on garde l'espoir sous la cendre et l'on attend.

Quand ils voient arriver quelqu'un qui n'est pas de la guerre, ces civils s'étonnent : — Comment, vous voilà ! Vous êtes venu ? Et savez-vous qu'il ne fait pas bon ici ? — Vous y êtes bien, madame ! — Moi, ce n'est pas la même chose !... CE N'EST PAS LA MÊME CHOSE !... Elle a perdu son fils aux premiers jours de la guerre. Elle n'a eu de cesse de savoir si c'était vrai et comment cela s'était passé. Maintenant, elle sait ; elle a reçu la médaille, la montre et les pièces d'identité. Ses vieux parents sont prés d'elle. Elle les garde. On lui a confié l'administration du village ; car les maires et adjoints sont mobilisés ou morts. C'est elle qui écrit les paperasses. Et elle en écrit, des paperasses ! Sa robe noire va et vient parmi les décombres ; elle distribue les rares secours, apaise les querelles, reçoit les plaintes et parfois les insultes — car ils n'ont pas renoncé à leurs passions, nos gens, et les jalousies, les récriminations, les accusations pour une paire de bottines ou une livre de sucre, s'élèvent, âpres, entre deux canonnades —. Elle écoute et elle passe.

De quoi vit-elle ? Je ne saurais le dire. Sans doute de quelques légumes que les vieux ont fait pousser entre les trous d'obus et qu'une patience Inlassable a défendus contre les intempéries des saisons et contre le piétinement de la guerre. Beaucoup sont partis trouvant, à la fin, cette vie insupportable : elle ne s'en ira pas. Récemment, elle écrivait : ... D'après une note parue il y a quelques jours, on invite la population à quitter la commune, sans la forcer ; il est probable que l'on fera évacuer les jeunes enfants à cause de certains gaz très dangereux. L'armée met des voitures à la disposition des habitants quittant le pays et les conduit à destination. Je reste toujours à mon poste, et je ne partirai que contrainte...

A son poste... à son poste de Française. Elle n'a aucune fonction, aucun titre, aucune qualité officielle ou autre, pas même, sur le bras, une croix rouge d'ambulancière. L'ad-mi-nis-tra-tion, qui l'accable de sa correspondance vaine, l'ignore. Elle reçoit les lettres adressées à M. le maire de la commune de... Et elle répond en signant : Le maire : *illisible*. De son état, elle était couturière. Elle s'est mise au courant des papiers jaunes, bleus ou verts ; elle s'est initiée au grimoire des réquisitions ; elle défend ses administrés et comparait pour eux devant le juge de paix. Elle tient l'école, assigne les logements, distribue les avis du percepteur (car le percepteur ne chôme pas et réclame les contributions) : elle tient aussi (grande affaire !) les cartes : cartes de charbon (sans charbon), cartes de sucre (quand il y a du sucre), cartes de pain. Elle est là quand le boulanger arrive. Car le boulanger — autre héros — monte la colline trois fois par semaine, parmi la canonnade et les gaz asphyxiants.

Quand une lettre officielle arrive, annonçant la mort d'un soldat après de longs mois d'attente, c'est encore elle qui perle la nouvelle avec la miche de pain, et elle trouve, dans son cœur de mère, les paroles qu'il faut pour consoler les mères.

Tout de même, on avait besoin d'une municipalité. Ce n'était pas régulier, n'est-ce pas ? La loi du 5 avril 1884 (art. 12, 16, 42 et 17, et circ. du 15 mai 1884) était violée. Qu'est-ce que l'on dirait, si l'on apprenait à Paris tout ce ménage ?

Parmi les maisons ruinées, au bout du village, on retrouva un vieux conseiller municipal de quatre-vingt-deux ans. On le bombarda maire : — le mot est de saison. Tout fier, il remercia : il signerait tout ce que l'on voudrait, pourvu que d'autres fissent la besogne.

La première fois qu'on lui apporte la signature. il prend sa plume et il se met à signer. Il signe, signe, signe. Il signe en haut, il signe en bas, à droite, à gauche, hors du texte, dans le texte. On lui arracha les papiers. Il était devenu fou en signant. Les honneurs lui avaient tourné la tête...

De ces gens, restés vaillamment au pays, on ignore tout ou presque tout. La population civile vit dans un calme douloureux, attendant, les poings fermés et les yeux inquiets, l'heure de la délivrance.

Je l'ai vue, gîtée, comme jadis ses ancêtres, aux cavernes de la falaise ; elle en sort quand le jour tombe et que la canonnade cesse, pour aller aux provisions ; on se transmet le feu de foyer à foyer ; on se partage le pain quand l'artillerie ennemie n'a pas accueilli, d'un tir de barrage, la carriole du boulanger. Parfois un obus tombe et perce un toit, crève un mur. La cave sert, un instant, de refuge. Et puis, on redevient insouciant du danger et la vie normale reprend sous cette vie redoutable que crée, pour ces contrées, l'éternelle menace de la guerre. Est-ce un atavisme, une résignation inconsciente ? N'est-ce pas quelque chose de plus noble. la puissante attache à la terre qui n'est rien autre chose que l'amour de la patrie dans sa forme la plus immédiate, la plus forte et la plus tenace ?

Un des maires de ces villages tant éprouvés de la vallée de l'Aisne m'écrivait :

Blanzy, le 4 mars 1915.

A Monsieur Gabriel Hanotaux, Paris.

Le canon gronde au-dessus de Pargnan dont j'aperçois, au premier plan, voire maison dévastée ; plus loin ee sont los ruines de la Tour de Paissy et à l'horizon les fumées des canons et les éclairs des éclatements. Je pense à ma rencontre avec vous sur ces hauteurs. à l'éloge que vous avez eu l'amabilité de nie faire-de nia vaillante fille, votre fermière, Mme Graux. Les plus vaillants soldats n'ont pas tenu mieux, puisqu'elle a quitté, avec les derniers, ses murs écroulés. Le général Muteau, qui s'y confiait en fait de bravoure, a fait son éloge.

Quand, aux derniers jours d'août, nous arrivaient les flots d'émigrés devançant la vague allemande, que les paysans affolés se mêlant aux Belges s'enfuyaient lamentablement, j'ai dit à mes filles, l'une à Nerval, l'autre à la Tour : vos maris sont à leur poste à l'armée, le vôtre est ici.

Elles sont restées. Elles out vu les Allemands passer, puis repasser, — seules.

L'énergie française consiste-t-elle seulement en activité ? Si dans la passivité il y a aussi de l'énergie française, j'ai pu dans ce cas en déployer une dose sérieuse.

Quelles angoisses sur le sort de tous les miens depuis le 2 septembre Le jour tombait. Un flot d'Allemands déferle soudain dans le village en masse serrée et en un instant s'étale et envahit tout, des caves aux greniers, guidé par un vieux sous-officier resté trois ans à mon service, en 1900, sous le vocable de Luxembourgeois.

D'autres encore, envahis ou bombardés, sont plus à plaindre notre envahissement a duré dix jours. Les Allemands, en se retirant, nous ont laissé leurs morts et leurs blessés, nous enlevant les chevaux, les voitures et tout ce qu'ils pouvaient emporter.

Je suis, depuis six mois, sur la ligue du feu, occupé au plein par farinée anglaise, puis par l'armée française. Je cherche mon emploi d'énergie française.

J'aperçois le jour de la grande poussée vers le Rhin, je me console en l'espérant ; mais si ce moment devait encore larder, votre voix, cher grand maitre, ne pourrait-elle s'élever puissante et autorisée pour rendre justice aux maires des villes et au modeste maire de village.

Rien franchement, ayant été plus de vingt-cinq ans officier de réserve, je regrette de ne pouvoir l'être encore.

J'ai trois fils, qui font leur devoir sous les drapeaux, dont un blessé. Tous me disent que le poste le plus dur est le mien. Je le crois fermement, quoique je n'aie été ni pris comme otage ni fusillé et que je vous épargne les détails de nies affres.

Veuillez m'excuser de vous avoir un instant distrait à vos travaux féconds, de façon égoïste. Je serais très honoré que notre humble fonction de maire fût mise au point par votre voix si écoutée.

Veuillez agréer, cher grand maitre, les remerciements avec les hommages

De votre dévoué,

M. FERTÉ.

Cette plainte, cet accent, cette forte sincérité n'ont-ils pas leur grandeur ?

Trois fois, quatre fois, les armées adverses ont passé sur le pays, raflant tout, ne laissant ni une bouteille à la cave, ni une gerbe aux granges, ni une bête à l'écurie. Depuis la Marne, c'est un perpétuel virage de troupes. Elles vont, viennent, s'en vont, reviennent, et repartent après avoir dévoré tout comme des nuées de sauterelles.

Et depuis 1914, c'est le canon qui tonne, toujours, toujours ! A l'oreille, on reconnaît l'emplacement de chaque batterie : les nôtres, les boches ; on sait les calibres, on nomme les pièces par les lieux-dits : le Pré Madelon, les Cent Pommiers, la Fosse à Jean.

Dans le ciel, quand il ferait si bon respirer le frais, c'est le ronflement des avions ; et, du même ciel, tombent les fameuses tonnes de projectiles dont parlent les communiqués. Seulement, ce sont les projectiles allemands. On ne peut plus dormir !

Et, maintenant, voici les gaz asphyxiants, les obus asphyxiants ! On a distribué des masques à toit le monde, aux petits comme aux grands : sur un signal, on les leur plaque sur la frimousse, en interrompant la tartine. Tout le monde couche dans les caves ; pauvres lits obscurs, hantés par les rats ! La vie reprend aux heures où l'on ne tire pas ; car la mort a ses heures. Les artilleurs boches prennent l'apéritif ; c'est le moment : on va aux provisions.

Il n'y a qu'un danger, comme ils disent, c'est le premier coup d'une série : Ah ! il ne faut pas se rencontrer avec cet obus-là ! Mais dès qu'il est tombé, on est prévenu, on se terre. Tant pis pour ceux qui s'exposent !

L'habitude est prise. Ils n'ont plus ni peur ni pensée : ils vivent. — Bonjour : et quoi de nouveau depuis l'autre fois ? — Rien ! — Comment rien ? Et ces trois grands trous, là, dans votre cour ? — Oh ! ce n'est rien. C'est des *bombes* qu'ils ont envoyées... Et on parle d'autre chose.

Une bonne vieille avait fait dire que je passe chez elle ! Monsieur, je ne puis plus *supporter*. C'est trop ! mon cœur *m'étouffe*. Je vais mourir. Vous me reverrez pas. Mais, que je vous dise : Mes héritiers, les neveux et les cousins, qu'est-ce qu'ils diront, si la vieille est morte sans leur laisser quelque chose ? Ils y comptent bien. J'ai mon magot. It est là, au fond de mou four. Moi, je n'ai plus besoin de rien : je vais mourir. Emportez-le, mettez-le en lieu sûr. Après la guerre, quand ils seront revenus, vous le leur donnerez. Ils verront bien que la vieille a pensé à eux. Il ne faut pas qu'ils soient trop malheureux !...

Je ne l'ai pas revue, la pauvre vieille maman ; elle est morte entre deux voyages. Je garde les papiers... Et les gars qui se battent pour la France savent qu'une vieille de France épargnait sous le feu de l'ennemi, pour qu'ils refassent le pays.

Dans mon village, ils sont quatre-vingt-huit civils... et ils tiennent.

CHAPITRE VI. — SAINT-QUENTIN.

Saint-Quentin est une ville picarde, — une ville frontière, — une ville française. Ces trois caractères décident de son histoire, de son art et du génie de ses enfants.

Ville picarde. Aussi loin que l'on remonte dans le passé on trouve un pays : le Vermandois dont Saint-Quentin est la ville principale, sous le nom qui réunit les deux traditions, la celtique et la romaine, — d'Auguste des Vermandois.

Les Vermandois sont des Picards. Leurs tribus se sont installées aux sources de la Somme et de l'Escaut, c'est-à-dire des deux fleuves côtiers qui drainent les eaux coulant de l'aisselle territoriale comprise entre Seine et Meuse. C'est proprement l'articulation du territoire, français de la Manche à la mer du Nord.

Quand le voyageur, venant de Paris, débouche sur les collines qui entourent, vers sa source, la vallée de la Somme, ce qui le frappe toute de suite, c'est la différence des ciels. En arrière, ils étaient meublés, ouatés, moutonnés. La lumière et l'ombre s'y jouaient à travers les volutes des nuages vite amassés, vite dissipés. Tout à coup, le paysage apparaît surplombé par une voûte uniforme, se développant en un orbe immense jusqu'au bout de l'horizon. Les tons les plus tendres, les nuances les plus délicates animent l'atmosphère quand le temps est pur ; mais s'il se gâte, la voûte se recouvre d'un voile épais et mat qui l'obstrue tout entier.

Les vieux graveurs de l'almanach Liégeois, dans leur manière simple et naïve, ont admirablement rendu ces ciels du nord : quelques lignes horizontales dégradant une teinte sombre sur l'horizon, et, au-dessus, un vaste clair, où s'enlève un vol de corbeaux.

Sous ce ciel un, s'étale le pays des vastes plaines, aussi étendu que lui : car la même ligne les borne l'un et l'autre. Le limon que la mer a déposé lentement fait la substance de ce sol qui s'étale à l'infini : la terre est ici, plus que nulle part ailleurs, fille de la mer. L'air est chargé d'humidité. Le sol sue, l'eau qui, pompée par la douceur tiède du Gulf-Stream, s'exhale en vapeurs et en brouillards.

La terre présente donc, comme le ciel lui-même, de nouveaux aspects. Ce ne sont plus les collines arrondies, les vallées encombrées aux détours imprévus, les déchirures de calcaires, les falaises à pic, les murs de pierre de taille, les routes blanches, les pignons taillés en escaliers, les toits de tuiles, les gazons courts, la vigne mûrissant encore ses grappes attardées, jusqu'aux pentes du Laonnois ; c'est, maintenant, un humus argileux et roux, une glèbe profonde, vêtue d'herbages verdoyants, des champs de blé ou de betteraves alternant désespérément dans leur féconde et fastidieuse insignifiance ; c'est la brique rouge, les ardoises bleues, les vergers verts ; des coins de pays extrêmement prenants, dans leur aspect clos, intime et bas, des chemins d'un gris-bleu consolidés sans cesse par le silex de Belgique, des vues longues où la moindre colline fait montagne, où quelque arbre aux branches tordues parait un spectre inquiétant. Sur ces espaces, les vents venant du large poussent à plis lourds l'épais rideau des pluies l'été et le linceul des neiges abondantes durant les longs hivers.

Telle est celte Picardie frontière des Flandres que les anciens observateurs ont toujours distinguée des Picardies voisines, sous le nom de Vermandois. Vers l'ouest, le sol devient plus humide encore, et c'est la verte Thiérache qui a pour villes Guise et,, Vervins. Un peu plus an nord, les Flandres commencent et le Cambrésis développe les ondulations infinies de ses champs monotones. Au canal de Saint-Quentin, les terrains maritimes s'affirment. L'inondation deviendra bientôt la maîtresse, et militairement, la défense du pays.

Saint-Quentin est donc la ville de cette Picardie intermédiaire, déjà mouillée, mais encore continentale. Elle est au bord du relief. Observons ce sol et ces longs horizons, cette lumière sensible, palpable en quelque sorte, baignée, même durant les beaux jours, par une humidité pénétrante ; prenons garde à l'intensité de vie qu'exige, ici, la nature pour que l'homme se défende contre elle, avec je ne sais quelle habitude, quel entraînement de lutte contre l'ankylose et contre l'engourdissement, en un mot, un appel de force surabondant contre les puissances climatiques débordantes et envahissantes ; et l'on verra que, sur ces plaines fécondes, la défense de soi n'est pas pour l'homme, une petite affaire. Ah non ! Ce n'est pas le pays du *farniente* !

Saint-Quentin est une *ville frontière*. Le vieux refrain local le dit :

> Enfants d'une ville frontière,
> Nous sentons la poudre à canon.

A l'heure où j'écris, les armées françaises, refaisant la France du nord, boulevard de Paris, sont arrêtées devant Saint-Quentin. Combien de lois en fut-il de même au cours de notre histoire ! Pour achever la France, il faut franchir celte borne ; mais, cette borne franchie, la France est faite. Les batailles de Saint-Quentin sont traditionnelles dans notre histoire. Corbie, Le Catelet, La Capelle, Ham, Péronne, les cités de la Picardie vermandoise sont prises, reprises, détruites, rebâties continuellement.

Saint-Quentin lutte et souffre comme les autres. Sa population est combative, résolue, active, tenace, toujours sur le rempart !

Les anciens disaient : *Picardia, picra cardia*, Picards, cœurs de feu. Ces gens n'ont pas peur, Ils persistent. Ils tiennent. Avant une fois commencé, ils recommencent et recommencent encore. Ces lentes victoires, toujours renouvelées sur la nature et sur l'ennemi, fomentent en eux deux qualités admirables, la résolution et l'enthousiasme.

J'avoue qu'ils paraissent lourds, frustes, durs, mais durs à eux-mêmes comme aux autres. Le cœur est chaud si le calcul est froid. La main est prompte ; l'esprit caustique, l'imagination courte, mais, à la façon d'un glaive ou d'un soc. Ils piquent et ils creusent. Ce sont des soldats et ce sont des laboureurs.

Ville frontière et ville picarde, Saint-Quentin est une ville française. Je veux dire, qu'ayant toujours défendu la France, cette Picardie est payée et surtout a payé pour aimer la France. Comme une cuirasse vivante, elle colle à la chair de la patrie ; au moindre vent de l'histoire se levant contre la vie nationale, elle frissonne, car elle sait qu'elle va souffrir. Les anciens rois l'appelaient *loyale et fidèle*. Paris est assuré de la trouver toujours.

Paris est si prés !

De Saint-Quentin à Paris, c'était une nuit, jadis, en diligence, et c'est deux heures, maintenant, en chemin de fer. Notre jeunesse saint-quentinoise, à peine hors du nid, prend son vol vers Paris. Parfois, elle s'y installe. Le plus souvent, elle revient. Mais, ce continuel échange et mouvement fait, parmi nous, une endosmose réciproque de l'esprit picard et de l'esprit de France. Ici, pas de particularisme, pas d'esprit de clocher (du moins s'il n'est subordonné à l'esprit de patrie) ; il n'y a pas de Girondins à Saint-Quentin ; tous Jacobins. Peu d'originalité, peu de race, nulle aristocratie ; le pays est uni, égal et démocrate comme ses plaines.

D'ailleurs, si la géographie et l'histoire n'avaient pas tout aplani, le travail et la vie en commun s'en seraient chargés !

De ces conditions permanentes et de ces traditions acquises, s'est formé l'esprit saint-quentinois et il s'est cristallisé dans l'esprit urbain. Saint-Quentin a grandi sur la colline qui, des bords de la Somme, tourne le dos au nord, regarde le midi et y cherche la caresse du soleil. On dirait que la ville se refuse à dire adieu aux ais pays qu'un ciel délicat illumine. Elle les cherche encore du regard. La cathédrale, haut perchée sur ses arcs-boutants, voit les tours de Laon. Les maisons sont en briques, mais on les peint en blanc, comme par une sorte de coquetterie calcaire ; quand un après-midi d'été réchauffe la rue d'Isle, on pourrait se croire encore en Ile de France. Mais, au premier vent, le froid pique la vie publique et la vie privée sont décidément du nord.

Au faite de la colline, l'énorme cathédrale inachevée surélève la crête et fait toit sur la double plaine, un versant au sud qui voit Laon dans la lumière et un versant au nord qui, dans la brume, devine Cambrai. Elle jouissait séculairement du contraste et pouvait se croire assurée de ce double et paisible spectacle en sa masse indestructible. Le charmant Hôtel de Ville construit, dit-on, du temps des Espagnols, donnait, sur la grande place carrée, un avant-goût des Flandres. Bibelot fragile, ciselé avec amour par les vieilles franchises municipales ! Au milieu de la place, un vieux puits aux montants de fer ouvragé fut longtemps l'amusement de la cité. Le marché aux herbes potagères et l'antique foire annuelle se tenaient autour de lui. Mais, aux dernières années qui précédèrent la guerre, on éleva, au milieu de la grand'place un monument où mon ami François Hugues, maïeur de la cité, casqué de fer, combattait en bronze, auprès d'un Coligny du même métal, en commémoration du siège de 1552[1].

Les rues de la ville, s'élevant de la gare au cimetière, sont montantes et malaisées ; on s'essouffle pour arriver à l'éternel repos. La vie intérieure est close comme aux villes de Flandres. Déjà aussi, le métier s'empare de l'activité sociale, la coordonne et la règle. Autour de la vieille cité bourgeoise, autour des béguinages et des Champs-Elysées, une nouvelle ville, toute de fabriques, s'est élevée et lui fait comme une ceinture de labeur et de fumée. Ici, la brique règne au dehors et le métier au dedans, La tradition se garde, discontinue, depuis les tisserands des Flandres.

Les linons, les broderies, les valenciennes, les bandes-basin, les batistes, les rideaux, tous les articles de blanc fleurissent sous les doigts des ouvrières de Saint-Quentin, comme un jardin de lys et de marguerites. N'exagérons rien... Constatons seulement l'habitude du groupement et du travail en commun, de l'application et de la précision dans la conduite du métier, l'amour du soin, de l'exactitude, de la ponctualité.

---

[1] Le souvenir de l'amiral de Coligny a inspiré, pendant l'occupation allemande, à l'Empereur Guillaume, une de ces scènes théâtrales dont il avait le besoin : v. G. Lyon dans : *Revue des Deux Mondes* du 1er janvier 1919.

L'ouvrier saint-quentinois est déjà un artiste. Son fils a touché, en naissant, les cartons-bleus où la pensée des dessinateurs et des décorateurs s'est inscrite pour être, de là, reportée sur le métier. De génération en génération, le goût se transmet. La minutie avec laquelle une grecque, une feuille, un rinceau sont inscrits, stylisés, interprétés, reproduits, décide d'une carrière ; le bon ouvrier devient dessinateur à son tour ; et c'est avec une gravité presque solennelle, une jouissance intime, très vive et très pure qu'il se penche sur sa table de travail et qu'il contemple amoureusement son ouvrage.

On travaille en commun, on joue en commun, on chante en commun, — toutes les coutumes des Flandres. Les Fanfares, les Orphéons, les orchestres, sont la passion de la jeunesse ; et aussi les jeux athlétiques : jeux de l'arc, jeux de paume. Jeux de boule, tirs à l'arbalète, à l'arquebuse : compagnies unies, intimes et familières. Travail, réjouissances et beuveries des corporations que peindrait Franz Hals !

Telle était, à larges traits, la vie saint-quentinoise, quand, mon carton sous le bras, j'allais, aux temps qui précédèrent la guerre de 1870, suivre les classes du collège des Bons-Enfants — maintenant lycée Henri Martin. Et cette vie ne s'était pas beaucoup modifiée pendant les quarante années de l'entre-deux-guerres.

Tout à coup, la trombe s'abat, Saint-Quentin ne peut plus se défendre elle-même, comme elle l'avait fait toujours : elle est surprise et prise en même temps.

Trois ans d'agonie ; et maintenant, c'est la mort... La ville est pantelante sur sa colline. La haute nef s'est effondrée. Qu'est devenu l'Hôtel de Ville ? Que sont devenus les La Tour du musée Lécuyer ? Qu'est devenue la figure de mon ami François Hugues, figée dans son geste de bronze pour la vaine défense de la cité ?...

Il n'y a plus que des ruines : mais les ruines subsistent ; n'y eut-il plus de ruines, le sol resterait. Je connais nos Saint-Quentinois : ils ont toujours recommencé ; ils recommenceront !

Un pays fécond et dur, des plaines grasses, une lumière intense, une solide attache au sol, une forte vie sociale, l'habitude du métier, une pratique stable et exercée, un tour de main, un goût, une ponctualité et une surveillance de soi-même et des autres se transmettant des pères aux enfants ; une critique sévère, de l'acuité, de la causticité, une application soutenue, une pénétration puissante, des ancêtres ruraux aux mains calleuses, une société urbaine bien organisée, nulle crainte, nul respect, nulle intimidation, un quant à soi, un garde à vous, de la ferveur, de l'enthousiasme, du cran ; jetez là-dessus, la gravité des mœurs du XVIe siècle, la grâce pimpante et affinée du XVIIIe — me trompai-je, il me semble que j'ai dit l'art des Le Nain et des La Tour ?

La barbarie allemande a foulé aux pieds le sol du Vermandois : elle ne déracinera ni la population ni les cœurs.

CHAPITRE VII. — DE COMPIEGNE À SAINT-QUENTIN. LA RÉGION DÉVASTÉE.

(avril 1917).

Quand on quitte Compiègne pour commencer le fier et douloureux voyage des pays libérés, on est d'abord saisi, en cette fin d'hiver, par la puissance et la grâce d'une région si éminemment française. C'est la région des arbres. Les hautes futaies de la forêt de Compiègne et de la forêt de Laine montrent encore à nu leurs troncs noirs et leurs branches noueuses tordues sous le givre et la pluie ; mais les premiers bourgeons se gonflent de sève, et si la forêt n'a pas encore perdu sa parure rousse, elle la laisse glisser de ses épaules, comme une fourrure qui tombe d'elle-même quand la température tiédit.

Toutefois, le printemps s'attarde ; la nature craint de se réjouir trop tôt.

Hélas ! au fur et à mesure que nous avançons vers la vaste plaine picarde, l'image de la désolation nous enveloppe et nous saisit. Noyon est encore une étape intermédiaire ; la ville, sous le voile froid du matin, a conservé sa grâce de vieille cité française ; la triomphante cathédrale est intacte ; la place des Chanoines, en sa forme semi-circulaire, avec ses petites maisons agenouillées devant l'énorme portail, n'a pas bougé, et même la bibliothèque bâtie de poutrelles apparentes et de torchis a conservé sa grâce vieillotte. Noyon est sauvé, et c'est un sourire de la vieille France qui nous accueille au seuil de ces régions meurtries[1].

Voici la vallée de l'Oise dans sa splendeur naturelle ; c'est l'image chère aux miniaturistes des missels : horizons bleus, prairies aux fortes verdures, inondations tendues de chaque côté de la rivière et allongeant à l'infini le scintillement des rayons du matin, collines aux mamelles arrondies, qui donnent à cette terre l'aspect d'une mère féconde.

Mais, au premier pas, c'est maintenant la misère et la mort. Sur le faite d'une des collines du bord de l'eau, une large maison blanche : le Mont-Renaud. Vieille demeure où les souvenirs des plus hautes légendes et des plus belles histoires de notre passé survivaient. Ici, c'est la chanson de Roland ; comme à Compiègne, tout à l'heure, c'était l'histoire de Jeanne d'Arc ; car la vieille France respire là. Nous approchons ; la maison blanche est éventrée. Voici la chapelle ; près de la chapelle, un caveau. On nous conduit vers la crypte souterraine où reposent les corps des ancêtres. Ils étaient là, rangés depuis des années, les uns auprès des autres, dans les cases disposées comme des alvéoles d'une ruche ; le caveau, dûment scellé, était à l'abri de la profanation et presque du souvenir. Les morts dormaient profondément leur sommeil. Eh bien ! savez-vous ce qu'a fait la horde qui s'en allait ? Ayant sondé le terrain et reconnu la crypte, ces barbares ont forcé la porte, sont descendus dans le caveau, et ils ont violé toutes les sépultures, ils ont ouvert tous les cercueils pour, dans la cendre éteinte, voler les quelques rares bijoux dont la piété ancienne avait, peut-être, orné la mort ! Les cercueils sont béants ; ils ont été renversés : les cendres et les os ont été éparpillés : ayant cambriolé la mort, ils ont porté le résultat de ce travail à leur chef, car c'est à la fois le brigandage et le sadisme organisés.

---

[1] Noyon n'a été détruite qu'à la seconde invasion, en 1918.

Telle fut ma rentrée dans mon pays. Ainsi je commençais par cette maison où j'avais reçu jadis une si charmante et si cordiale hospitalité !...

J'ai dit la gloire des arbres dans notre Picardie : arbres des routes avec leurs rameaux enlacés comme les nervures des ogives aux nefs des cathédrales ; arbres des forêts pompant les humidités profondes et protégeant la plaine contre les rafales du Nord ; arbres des vergers, arbres des jardins, amènes et accueillants avec leurs branches basses où apparaît déjà la promesse des fleurs et des fruits.

Or, on sait ce que les bandits ont fait de nos arbres, de tous nos arbres : non seulement ils les ont coupés, non seulement ils les ont sciés à un mètre du sol de façon qu'ils s'écroulassent au premier vent, non seulement ils se sont acharnés sur un pommier isolé, sur un sapin de pelouse, sur un if de jardin, mais, en plus, ils ont multiplié, partout, une opération qui demandait à la fois une application et un raffinement de sauvages : prélevant, sur chaque pommier, un anneau d'écorce, ils ont fait en sorte que l'arbre resté debout soit ainsi, — toutes apparences, sauves, — frappé à mort. Il ne peut s'agir, ici, d'un intérêt militaire quelconque ; ce n'est même pas la destruction brutale dans le dessein de nuire, c'est le scalpe appliqué à la nature. Je ne pense pas qu'un sauvage ait jamais fait cela... Nos arbres écorchés : c'est à pleurer !

Aux maisons, maintenant ! La ruine des villes, des villages et des .moindres endroits habités est un spectacle d'horreur qui, par sa continuité, épuise la commisération. Tant de foyers éteints ! Pas une cime, pas un être vivant parmi ces ruines ; le désert de murs écroulés, de fenêtres béantes, de façades laissant couler le long de leurs visages des larmes noires sous la pluie qui les inonde, causent un deuil intarissable.

A Roye. au milieu de la place carrée, un petit groupe délibère. Maire, sous-préfet, officiers se consultent. J'approche. — Par où commencer ? Par où reprendra la vie ? — D'abord, les moyens de transport, dit l'un. — D'abord les vivres, dit l'autre. — D'abord les maisons, dit le troisième. Et puis ce sont de longues et interminables palabres et l'on ne sort pas de l'imbroglio des difficultés qui naissent l'une de l'autre. Pas de main-d'œuvre, pas d'argent, pas de moyens de communication, pas de semences. Et la litanie reprend... Par où commencer ?... Les maisons de la place, rangées autour de nous, regardent dans l'espace de leurs grands yeux vides.

Les maisons des champs sont plus émouvantes encore : celles-ci n'ont plus de force du tout ; et elles se sont affaissées pour gémir. Leurs toits ayant glissé le long de leur corps les recouvrent comme la jupe d'une pauvre femme accroupie. C'est le travail du *madrier*. Il faut avoir vu cela : comme les Boches ont laissé un exemplaire de l'instrument de ruines, on peut reconnaître et manier l'invention qui, vieille comme le monde, mais profondément oubliée, a été arrachée à l'arsenal désuet des machines diaboliques.

C'est tout simplement le bélier des anciens et du moyen âge ; mais réduit aux proportions d'un joujou pour assassinat de maisons en petit. Une chante, suspendue à un chevalet, supporte un tronc d'arbre horizontal se balançant au bout de la channe. Il suffit de tirer le tronc d'arbre dont l'extrémité est garnie de fer et de le précipiter ensuite contre l'obstacle à détruire ; la main d'un enfant y suffirait. Au flanc d'une maison de briques, à l'angle d'une chaumière, ou en plein dans le milieu d'une poutre de soutien, l'effet est produit, la muraille fléchit, s'affaisse, la poutre arrachée entraîne tout un pan de façade, l'angle, en se dérobant, attire sur lui la construction et le toit glisse ; il pend vers la terre comme une aile brisée, d'où les tuiles perlent en saignée rouge. Le hameau tout entier s'accroupit et se trahie, à quatre pattes, si j'ose dire, comme les bêtes blessées à la fin d'une chasse. Ai-je besoin d'ajouter que ces villages et ces hameaux sont vides ; personne ; personne ; la mort !

Telle est la première vue que j'eus de la retraite des *barbares*.

CHAPITRÉ VIII. — APRÈS LA DÉFAITE ALLEMANDE. LE RAVAGE DE L'AISNE. (OCTOBRE 1918).

Il a bien fallu faire ce pèlerinage !...

J'avais peur de revoir mon pays ; je savais que sa face était terriblement changée et que lui, hier encore si accueillant, était devenu inabordable. Il a la pudeur de sa misère et ne veut pas montrer sa nudité. Les routes sont barrées, les ponts rompus, les itinéraires détournés. On sait par où l'on entre ; on ne sait pas par où l'on sortira. Irai-je à Reims, à Saint-Quentin, à Soissons, à Laon ? Partout, le désastre. De quelle part prendre cet abîme de misère ?

Et je ne m'imaginais rien de pareil à ce que j'ai vu ! En vérité, c'est la mort de la terre, un paysage de jugement dernier.

Je cherchais, dans ma mémoire, le dernier souvenir, le plus récent tableau, et je revoyais la Vallée en armes. Au lendemain de la victoire de la Marne, c'était la recouvrance. Les troupes d'Algérie de la division Muteau venaient d'enlever les falaises : c'était, dans des tons d'aquarelle, les uniformes pimpants des spahis et des chasseurs d'Afrique, la croupe gris-pommelé des chevaux arabes, la chechia et la culotte bouffante des zouaves, le bleu doré des turcos. Le soleil versait sur tout cela, la lumière, la joie et les proches espoirs.

Quatre années ont passé. La bestialité allemande a fait son œuvre ; l'ennemi, en cela du moins, est arrivé à ses fins : n'ayant pu vaincre les hommes, il a détruit la terre. Ludendorff tombe ; or, de lui, il restera cette empreinte. Hun battu, dans quel coin du monde se cachera-t-il pour ronger ses ongles ensanglantés ? Un des leurs. Thomas Mann, se vantait, en 4915, que la Kultur avait un principe démoniaque. Oui ; c'est un travail de démons I

Dans les courtes notes que j'apporte comme un témoignage, je relaterai simplement ce que j'ai vu en suivant l'itinéraire que j'ai parcouru.

Grâce à une large bienveillance de M. le ministre de la Guerre et des autorités militaires, j'ai pu approcher les choses au plus près, faire des centaines de kilomètres à travers des régions hier encore inaccessibles. J'ai suivi l'ennemi à la trace sur le sol humide qui garde l'empreinte de son immense fuite.

C'est la contrée où se sont passées mon enfance, ma jeunesse, ma vie active, ma retraite. La lumière de mes souvenirs se projetait devant moi comme un phare pour éclairer ma route : sinon, je n'eusse rien retrouvé, rien reconnu. Ce qui fut a vécu. Il n'y a plus rien !

I

De Paris, on entre dans la récente bataille par Essonnes. Jusque-là, les champs sont cultivés, les routes nettes : la voiture roule sur le tapis des feuilles que jettent sur la voie triomphale les hauts peupliers d'or.

A partir d'Essonnes, la bataille s'empare de vous, et elle vous étonne, dès lors, par son étrange continuité. Le tissu ininterrompu des ruines démontre la trame serrée de la manœuvre : la pression sur l'ennemi s'exerça partout à la fois. l'as un trou, pas une lacune ; c'est une chaîne tendue qui avance en balayant tout devant elle. Aux carrefours, aux ponts, sur les crêtes dominantes, les trous d'obus plus rapprochés disent un acharnement local : mais, travers les champs, tes bois, les jardins, la destruction partout s'égaille. On sent bien que là l'ennemi a été culbuté sans trouver une motte de terre où se cramponner.

Celte première impression donne l'idée de la puissance. Elle impose le respect. Quelle préparation, quelle réalisation, quelle maîtrise ! Les grandes créations humaines sont peu de choses auprès d'un tel effort, soulevant un tel poids. Ah ! l'on comprend la gloire des armes et la reconnaissance des peuples pour les grands généraux.

Essonnes, Château-Thierry, Dormans, Epernay : déjà la ruine, la ruine de plus en plus dense. Cette délicieuse vallée de la Marne, si belle, se voile derrière ses peupliers ; cependant, ses blessures ne la défigurent pas. On peut espérer que, la vigne aidant, notre riche campagne de la Montagne de Reims se guérira vite de ses plaies.

Mais voici Reims !

J'avais vu Reims plusieurs fois, au cours de la guerre. J'avais entendu, à diverses reprises, le canon de Brimont, et de Nogent-l'Abbesse. On se hâtait le long des rues, on s'enterrait dans les caves quand un quartier était pris à partie. Mais il y avait, tout de même, une vie, une émotion, un espoir. Tandis que, maintenant, c'est l'effondrement. Heureusement, le général Guillaumat qui commande à Reims, est un organisateur. Déjà, par son ordre, la ville ouvre ses grandes artères ; les rues se déblaient, les flaques stagnantes sont nettoyées ; on avance parmi les ruines, mais on avance.

Nous entrons par la rue de Paris et nous tombons droit sur Saint-Remi. Le temple consacré au fondateur de la France, le vieux sanctuaire du *divus Remigius*, qui a conservé peut-être, dans quelques-unes de ses pierres, des témoins de la première invasion des Barbares, regarde, avec les yeux grands ouverts de ses baies et de ses rosaces, la route par où est venue la délivrance.

Reims est le boulevard de l'Est : c'est la défense ultime de la France de ce côté. Sur cette borne de la colline de Saint-Remi, toutes les grandes invasions ont été arrêtées, et celle-ci encore. Saint-Remi est fier sur sa colline ; la souffrance a duré quatre ans ; mais il a vaincu, une fois de plus.

Vite à la cathédrale ! La voici, blanche, debout en son suaire : les deux tours géantes se dressent nues, écorchées de leur décor sculptural. Mais la forme tient. On dirait le linge de sainte Véronique, gardant dans le deuil de la Passion, l'empreinte de la face couronnée d'épines.

La nef, en ruines ; le vieux portail nord, le plus grave et le plus beau peut-être, semble, en partie, préservé ; l'abside avec ses fenêtres lancéolées, les couronnes incomparables de ses chapelles, la forte élégance de ses arcs-boutants, tout l'appareil puissant et délicat d'une architecture impeccable, est détruite, rompue, déshonorée. Les ruines surplombent de partout. Pourtant, le squelette subsiste ; et les croisées d'ogive demeurent comme si elles essayaient de capter, à travers leur réseau ajouré, pour cette terre qui meurt, un peu de ciel.

Voici la gare, détruite ; voici les riches maisons de la rue Thiers, détruites ; voici les admirables hôtels de la place Royale (qui valait, certes, notre place Vendôme), couchés en tas ; la maison des musiciens, le vieux quartier des Élus, les beaux boulevards somptueux, le faubourg Cérès, tout est ruines. Singulière apparition d'une ville qui voit sa propre campagne à travers ses murs crevés, comme un aveugle verrait le monde à travers les blessures de son front sans regard !

Comme toute la ville est à terre, il faudrait que des équipes de travailleurs fussent employées pendant des mois et peut-être des années pour faire, d'abord, place nette. Et ce sera seulement quand tout le matériel concassé et réduit en poudre aura été emporté que l'on pourra songer à ramener une vie quelconque dans une ville recommençante. Il n'y a rien d'autre à faire : ou Reims croupira parmi ses ruines, ou Reims se transportera ailleurs, si l'on ne prend pas, et tout de suite, et, résolument, ce parti.

Il faut s'arracher à ce poignant spectacle. Reims, ville noble s'il en fut ; Reims qui vis César, Clovis, Jeanne d'Arc ; Reims qui fis, de l'essence de la civilisation, le philtre qui distribuait au monde la joie, Reims te voilà couchée dans ton suaire !... Mais ta Notre-Dame et ton grand saint, couverts de blessures, restent debout et veillent sur toi !

Nous prenons la route de Laon ; mais, d'abord, je veux voir mon village, ma maison, celle des miens, les lieux chers qui, depuis quatre ans, ont tant souffert, les falaises de l'Aisne, le Chemin des Dames.

La route est rectiligne jusqu'à Pontavert. Partout, à droite, à gauche, les ruines avec, dans le lointain, le profil sourcilleux de la côte de Brimont. Pontavert ! Ici commence le cimetière épars des villages dont il ne reste plus de traces. — Chauffeur, faites attention ! Dans le bourg, au carrefour, il faut tourner et prendre à gauche... Nous passons le carrefour, *sans l'apercevoir*. Rien ne le distingue plus. Les maisons cossues sont au ras du sol aussi bien que les masures ; l'alignement des petits tas de débris effrités se distingue à peine du calcaire des tranchées rejeté sur l'humus et anéantissant sa fertilité pour des années, pour toujours, qui sait ? Nous suivons la rivière : et voilà que s'étend, à perte de vue, le champ de chardons, le champ noir, le champ de deuil, planté seulement de croix, et qui s'étend désormais devant nous, tant que la route pourra nous porter, et tant que l'automobile pourra rouler. Plus d'arbres ; les moignons eux-mêmes ont disparu ; le désert commence ; l'invasion barbare a passé.

Nous grimpons la colline de Beaurieux, parmi les convois. Quelques tours de roue, nous sommes sur le carré qui fut la place. Quelques pas à pied ; et les yeux voient..., mais au lieu de la maison, c'est le ciel à travers ses ruines. La solide bâtisse de pierre n'est plus. Sa carcasse seule, subsiste, béante ; l'escalier creuse son pas-de-vis vers les caves, et c'est tout. Rien n'a été laissé : tout a été pillé avant l'incendie. Je ramasse un carreau de faïence et j'ai dit aux miens en rentrant : Voilà votre maison !

Chez moi, la ruine est moins absolue. Quelques restes des chambres tiennent encore. Un toit de tôle ondulée, des lits de bois, serrés les uns contre les autres, dans ce qui pouvait servir d'abri et qui semble indiquer un poste de secours ou une ambulance, voilà sans doute ce qui a préservé le fantôme de ma maison, d'ailleurs percée à jour et pillée à fond. Etrange impression de mon petit village : pas un civil, pas un soldat, pas un chien, pas un chat, pas un rat. La solitude complète, le vide absolu. Toutes les fenêtres ouvertes plongent avidement leur regard sur la vallée : on dirait qu'elles attendent quelqu'un. — Qui donc ? — La vie.

En route pour Laon. Nous longeons Madagascar, dont les creutes restent béantes comme si elles allaient cracher encore le feu des artilleries ; nous montons la colline de Cerny par Vendresse-Troyon. Lieux fabuleux des communiqués, Et nous voici sur la crête : c'est le Chemin des Dames !

Le temps manque pour aller jusqu'à la Tour de Paissy, jusqu'au Poteau d'Ailles jusqu'au Monument, jusqu'au Moulin de Craonne où vint s'asseoir l'empereur Napoléon. Mais je vois, en passant, que, des riches villages de la Vallée Foulon, il ne reste rien ; des deux côtés de la crête, rien ; nous avançons, dans la nuit qui tombe, à travers le paysage lunaire. C'est celui que nous avions vu déjà à Verdun : mais ici, avec cette émotion intense de parcourir, dans la mort, une nature dont j'ai connu et partagé la vie florissante, l'accueil amène, les souvenirs millénaires, les traditions charmantes, ce pays de France-Champagne, d'où la Fontaine et Bacine avaient reçu la grâce. Le charme exquis, que Vidal de la Blache comparait à la beauté florentine, est maintenant figé sur cette figure hébétée qui n'a même plus la forme de l'être.

Ici, non plus, sur ces plateaux dont mon pied de chasseur connaissait toutes les sentes, je ne sais plus retrouver mon chemin. Rien ne se ressemble plus, les chemins ont pris d'autres pentes, les sources vives sont des flaques mornes. Je cherche Cerny, Neuville où vécut le page de Jeanne d'Arc. Je descends au fond de la vallée pour gagner Chamouille et Montbéraut sous les voiles épaissis de la brume et de la nuit, eu me demandant si nous n'allons pas nous perdre dans quelque carrefour de la ligne Hindenburg nous conduisant à un trou ou à un coupe-gorge.

Longeant des marais et des fantômes de bois, nous arrivons enfin, après des arrêts et des détours sans nombre, à un grand bâtiment sombre dont les lumières, de loin, nous ont fait signe. Le village est plein de soldats. Mais ce ne sont plus les uniformes français. Nous reconnaissons, au falot de la sentinelle, le vert atténué de l'uniforme italien.

Le général Albricci nous attend. La main tendue, il s'avance sur le perron. Figure d'une fine et haute distinction. Le général est un homme de guerre complet : il commande les forces que la puissance - amie a destinées à opérer en France, au milieu des autres armées alliées ; les brigades lombarde, sicilienne, piémontaise, salernitaine ont fait, ici, admirablement leur devoir. Elles ont délivré ma petite patrie. Comment ne viendrais-je pas leur dire ma gratitude ?

Je suis le premier habitant de ce coin de France revenu sur la terre maternelle. J'y trouve nos vieux camarades de civilisation, les Italiens. Ils relèvent, sur l'Aisne, les traces de leur César. César aussi s'est battu ici, et il y a battu aussi les Barbares du Nord. Je serre avec joie la main qui m'est si loyalement tendue par le commandant en chef du corps expéditionnaire allié.

II

Du quartier général italien, dans la nuit noire nous essayons de gagner Laon. Voyage fantastique comme si nous crevions, pour avancer, des toiles de brouillard. La route est dure, inquiétante, coupée de travaux de mines et de sapes. Le phare fugitif tire de l'ombre d'étranges choses qui passent : troncs d'arbres qui tendent le bras comme des mitrailleuses, mitrailleuses encore braquées, tas d'obus alignés comme pour la bataille, tombes arborant des drapeaux, murailles faites avec des caisses d'essence, — tandis que les vraies murailles sont à terre et que la bataille elle-même est morte comme les morts.

Toujours des ruines ! Pourtant, la belle abside de Bruyères est encore debout ; à Vaux-sous-Laon, surprise : des passants, assez nombreux dans les rues, parcourent les décombres comme des spectres. Etrange ! Il y a quelqu'un !

Après des peines infinies .et des recherches laborieuses, nous voici auprès du chef qui nous reçoit. C'est Mangin. La joie est sur son visage rude. Tout, en lui, respire l'allégresse de l'action, l'emprise sur les réalités. Ce sont ces hommes que la guerre révèle, — des hommes !... Au repas du soir, sobre et prompt, la conversation s'envole sur les ailes de la victoire. Heures inoubliables !

Nous passons la nuit dans ce qu'il reste d'une belle demeure transformée en hôpital par l'occupation ennemie ; et c'est pourquoi, sans doute, elle subsiste. Le lendemain, à la première heure, l'automobile nous porte en ronflant vers là montagne de Laon. Laon est sauvé ; la cathédrale est intacte. Je ne dirai jamais la joie de mon cœur : cette cathédrale, c'est mon pays, ma tradition, ma famille. J'ai vécu à son ombre.

Elle dictait à cette partie de la France le sens de la règle, de la mesure, du travail soutenu, de la foi. C'est le plus beau monument du monde, le mieux ordonné, le plus sobre, le plus calme dans sa force grave. — Et il est sauvé !

Les habitants de Laon vivent à ses pieds. Ils ont tant souffert ! Et leur maire, le digne et brave M. Ermant, après quatre années de lutte, ils l'ont emmené avec trois cents Laonnais, on ne sait où ! Et ce sont ces sauvages que nous allons ménager !

Pas- une voix à Laon, pas une voix de ceux qui ont tout vu, tout supporté, qui ne s'élève pour demander justice ! Nos amis de la ville ont, sur la figure, les traces d'une misère physiologique indicible, ils nous regardent avec surprise et s'habituent à peine à leur joie. On les avait saignés à blanc ; c'est à peine s'ils retrouvent la force de supporter leur bonheur.

A l'hôtel de ville, à l'église, dans les maisons particulières, j'entends partout les récits de la grande misère qui fut au pays de France... Mais Laon veille, comme une sentinelle, sur l'affreux désert qu'elle domine au loin, du haut de sa colline intacte. Laon va devenir, pour notre peuple meurtri, exilé, l'arche de pont qui le ramènera chez lui. Demain, les administrations, les conseils, la vie publique et privée reprendront ici. C'est par Laon que tout reviendra, La cathédrale est debout : chez les peuples vigoureux qui l'ont élevée, la foi est intacte.

En descendant de la colline pour reprendre la route, nous avons sous les yeux le premier spectacle du retour. La scène est biblique, préhistorique. Des familles rentrent. Vieillards, femmes, gamins (car les hommes sont à la guerre) traînant de petites charrettes, des brouettes, des voitures d'enfants, d'étranges véhicules laits avec des roues de bicyclettes ou de charrues et, portant des matelas, des édredons, de vagues ustensiles de cuisine. ils viennent, par bandes, chercher ce qu'il reste de Leur foyer. Des bourgeoises en toilette, des vieux messieurs en chapeau melon, des mendiants en loques, des gosses toussant dans leurs cache-nez, tout cela tire, pousse, agrippe, aide en silence. Les yeux sont fixés sur une chose devinée de loin ; c'est le but : quelque maison en ruines. Qu'importe, on arrive on est chez soi parmi ces décombres, dans cette cave tapie au sol et qui n'en est que plus sûre. C'est un premier abri. Le canon tonne tout près avec une violence inouïe. Tant pis ! On y est. On restera. On recommencera !

La route, de Laon à La Fère suit ou franchit presque partout, en zigzag, la ligne Hindenburg. Nous laissons à gauche le massif de Coucy-Saint-Gobain avec ses forêts épaisses, ses marais inaccessibles, ses collines denses culbutées les unes sur les autres, massif que la nature avait constitué tel pour être le boulevard de la France. Les Allemands s'en sont emparés dès les premières semaines de la guerre : il a fallu quatre ans et trois grandes batailles pour les en chasser.

Les trois grandes batailles — les batailles de l'Aisne — se sont emparées de la contrée : je veux dire qu'elle est tout entière un chaos. La route existe à peine ; rarement elle s'arrache au sol ; le plus souvent, elle s'enlise dans l'argile gluante. La voilà qui saisit les roues de la voiture et ne veut plus les lâcher. Sans le secours inattendu d'un convoi, nous serions encore au bourbier.

A droite, à gauche, c'est la plaine rase en ses molles ondulations tragiques. Guillaume voyait cela du haut du château d'Homblières, à l'offensive de mars. Quelle dut être sa fierté ! Il avait, devant lui, le plus magnifique champ (le bataille pour un Attila : sa gauche, appuyée sur le massif et les marais de Saint-Gobain, sa droite sur la falaise et les marais de Saint-Quentin, il pouvait réunir et lancer un million d'hommes avec leurs artilleries, leur convoi, leur matériel, en masse irrésistible. jusqu'à Paris. Il riait sous sa moustache hérissée. Il humait ce brouillard et ce sang. Cette fois, il tenait sous ses pieds la France et la victoire...

Des lieues, des lieues, des lieues, à droite, à gauche, devant, derrière. Sur le plateau noir, fut la bataille : bataille à la ligne d'Hindenburg, qui a raviné le sol comme un torrent de montagne : bataille à l'avant de la ligne, avec le piétinement des régiments, l'ornière des artilleries, le débris infect que laisse une armée en marche, même quand les cadavres sont ramassés et sous la croix ; bataille, enfin, en arrière de la ligne, avec la traînée putride de la panique et de la déroute : abris abandonnés, regorgeant encore d'approvisionnements et de munitions, charrettes et affûts les quatre fers en l'air, tas d'obus empilés, prêts à servir, carcasses de fer, de bois et d'os, et, sur les tombes, pressées les unes contre les autres, des casques de fer. Et partout et toujours, les villes et les villages soigneusement pillés, puis incendiés, les ruines achevées, le vol et la rapacité imprimant leur griffe immonde, en un mot la pire espèce des invasions, celle des vaincus pillards et lâches.

Aucune parole ne rendra jamais l'impression de cet immense paysage où il ne subsiste plus que les lignes ; un tremblement de terre voulu et combiné ; de longues crêtes noires et nues, le ravage du sol lui-même. Des souvenirs aux yeux crevés se promenant sur tout cela cherchent des maisons, des fermes, des villages, et ne trouvent que le néant. Les Anglais ont exprimé leur émotion selon leur manière brève et forte : ils ont mis des poteaux indicateurs an milieu des villages disparus avec cette inscription : Ici, fut N...

La Fère est vaguement debout, mais éventrée ; Chauny, Saint-Gobain, Tergnier, toute cette partie de la France populeuse et industrieuse annulée, rien. Nous avançons dans la boue vers la dernière crête qui nous sépare de Saint-Quentin. Voici les lieux de la première bataille de Guise : La Guinguette, La Folie, Urvillers, Hinacourt : des noms ! Enfin, après le faubourg de La Fère, le faubourg d'Isle, en ruine comme tout le reste, et nous entrons dans Saint-Quentin.

III

Nous sommes arrivés à Saint-Quentin avec six ou huit heures de retard sur notre itinéraire. La voiture n'avait pas résisté aux chocs de la route et il avait fallu la réparer à Charmes. Nous traversâmes la ville à la nuit noire. Plus noire par le sombre appareil de la guerre. Les pans de mur voilaient le ciel obscur et se confondaient avec lui.

Au canal, le beau pont que décorait l'œuvre magistrale de Thurnyssen est remplacé par une passerelle de bois ; les statues sont parties en Allemagne. La place du 8 Octobre, souvenir de la défense contre les Prussiens — je vois encore Anatole de la Forge, préfet de Gambetta, brandissant un drapeau à l'une des fenêtres de l'hôtel de ville... —, la place du 8 Octobre est à terre, le monument commémoratif emporté en Allemagne ; la rue d'Isle, croulante plutôt que ruinée, montre quelques rares façades ; mais, le lendemain, à la lumière, nous verrons bien que ce ne sont que des apparences.

Voici la Grand'place ; le vaste carré de maisons est démoli ; au milieu, il reste le piédestal du monument commémorant le siège de 4 : ;57 où, avec l'amiral de Coligny, le maïeur défendait la ville, tandis qu'une Saint-Quentinoise s'exerçait au rôle d'infirmière qu'elle devait si admirablement remplir pen- dant la présente guerre.

Tous ces souvenirs si chers à mon cœur. les annales de la vieille cité toujours loyale, toujours fidèle, décorée de la Légion d'honneur par la troisième République, tout est effacé. Parmi cet entassement extraordinaire de moellons illustres, effondrés jusque dans les caves et les souterrains de la grand'place, un seul témoin subsiste : le charmant et délicat joyau de l'architecture fleurie, l'hôtel de ville, qui portait si fièrement sur son front la devise de Santeul : *Civis murus erat*. La façade est à peu près intacte et elle fait un joli décor moyenageux à la Ronde de nuit de nos poilus qui passe.

Pas une des riches maisons de la rue du Palais-de-Justice, de l'ancienne rue Royale (où habitait mon père), de la rue Croix-Belle-Porte, de la rue Saint-Jean, ne subsiste intacte. Nous chercherions en vain un asile, une chambre, une couchette, si la prévenance extrême du général Nollet, qui commande à Saint-Quentin, n'y avait pourvu. Des murs et un toit conservé par hasard : c'est là que l'on prépare, à la hâte, le lit de camp et le sac de couchage qui nous sont destinés. Cependant, il y a une armoire à glace, — avec sa glace : miracle !

Comment dormir quand le passé s'assoit auprès de vous et vous secoue de sa main forte ? La ville est silencieuse. L'hôtel de ville a tu son carillon si gai : On carillonne à Saint-Quentin. Le beffroi, qui répétait gravement les heures légères de l'hôtel de ville et qui sonna les nobles défenses et les grandes batailles, le beffroi s'est té. Saint-Quentin est retournée à son rôle essentiel d'être une place d'armes, une sentinelle sur la frontière ; et mon insomnie répète,-jusqu'à l'hallucination, le refrain des arquebusiers :

> Enfants d'une ville frontière,
> Nous sentons la poudre à canons.

On respire, maintenant, une autre poudre, celle des incendies qui succédèrent au pillage, pour cacher le forfait. Trois fois, au cours de la guerre, les habitants restés à Saint-Quentin ont vu les soldats allemands préparer leur fuite ; trois fois, les kommandantures ont déménagé ; je veux dire que trois fois ils ont déménagé la cité tout entière, les ateliers, les usines, les maisons ; trois fois, ils ont repris et perfectionné leur sinistre razzia. Des péniches, bondées à raz de l'eau, emportaient, par le canal, le butin soigneusement emballé et méthodiquement étiqueté. Les pastels de La Tour avaient quitté des premiers le délicieux abri du Musée Lécuyer et avaient pris le chemin de la Belgique. Où sont-ils[1] ?

Les renseignements que j'ai recueillis auprès de nos compatriotes m'ont instruit sur un fait caractéristique et qui parait nous avoir échappé jusqu'ici, tant la mentalité germanique nous est incompréhensible. Leur célèbre historien Lamprecht, à propos des premières invasions des Barbares, avait, pourtant, établi la théorie de la vraie guerre. La guerre, disait-il, ne vise pas seulement la destruction des armées, mais l'anéantissement du peuple ennemi. Pour cela, il faut donner au soldat un intérêt particulier, immédiat, personnel à se battre, un gain qui lui reste et c'est le butin. Le droit au pillage est donc non seulement toléré, mais *édicté* au profit de chaque officier ou soldat. L'invasion a pour corollaire logique le pariage des biens meubles et immeubles, de l'argent, en un mot de tout ce qui subsiste, une fois que l'État a prélevé son bénéfice : on enlève les hommes, les femmes, les enfants, comme les chevaux, les vaches, les moutons. Double profit : la ruine de l'envahi et l'enrichissement de l'envahisseur.

Cette doctrine, exposée par le pédantisme, fut appliquée à la lettre par le militarisme. L'Empereur, chef de guerre, donnait, comme un Samory quelconque, à tel officier ou à tel soldat, un château, une maison, fût-ce une masure. Ainsi, on était sûr que tout serait nettoyé à fond, puisque chacun emporterait avec lui *son bien*. Quand on pille, on laisse quelque chose ; mais quand on déménage, on enlève tout. En effet, pas un meuble, pas un matelas, pas une cuillère, pas une tasse à café ; à la lettre, rien. Le soldat voleur et nanti sera toujours, ainsi, l'obligé de l'Empereur, qui l'a enrichi personnellement. Faites bien attention à cela : c'est une des ruses les plus profondes du diabolisme allemand, qui prépare dores et déjà le retour des cendres de la dynastie, avant même qu'elle soit abattue.

Conclusion : reprenons notre bien. On retrouvera tout en Allemagne dans chacune des maisons particulières, comme on retrouvera les pastels de La Tour ;

---

[1] On sait, maintenant, que les pastels ont été transportés à Maubeuge où ils ont été retrouvés. L'auteur a reçu la lettre suivante qui élucidera un détail piquant :
Monsieur. J'ai lu, dans un journal belge, la reproduction d'un article de M. Gabriel Hanotaux sur le sac de Saint-Quentin par les Boches. En parlant des pastels de La Tour, il dit : *Où sont-ils* ? J'ai reçu, fin de 1916, ou commencement de 17, la visite, par ordre de la kommandanture, pour visiter mes collections, d'un Allemand qui parlait le français comme un Parisien.
Dans la conversation, il m'a dit qu'il arrivait de Saint-Quentin, où il était allé prendre les pastels de La Tour et les vitraux de la Collégiale pour les mettre en sûreté. Voici sa carte. Elle vous permettra peut-être de remettre la main sur ces bijoux en le faisant comparaitre à la barre en Allemagne devant le maréchal de France Foch qui se trouve sur le Rhin. Voici sa carte. Signé : le Major LAMBERT, rue Royale 10, Audenarde, Belgique. — La carte est libellée ainsi :

```
Dr ADOLPH GOLDSCHMIDT
   GEHEIMER REGIERUNGSRAT.
   PROFESSOR AN DER UNIVERSITAT
 MITGLIED DER ACADEMIE DER WISSENSCHAFTEN.
            Berlin-Charlottenburg
            Bismarck Strasse 72[1].
```

mais il faut une enquête sérieuse pour dénicher voleurs et receleurs. J'espère que les clauses de la paix y pourvoiront.

Dès l'aube blafarde, nous étions parmi les ruines. La rue qui mène à la collégiale est anéantie, l'immense carcasse de l'église apparaît gigantesque, antédiluvienne ; le squelette penche comme une anatomie à laquelle on aurait mis une béquille. Miracle d'équilibre : un des pots à feux, dont le mauvais goût du XVIIe siècle avait sommé les contreforts gothiques, se tient tout seul en haut, dans le ciel : il va tomber. La ruine est la plus mâchurée de toutes celles que j'ai vues les piliers qui soutiennent les croisées d'ogive sont creusés pour recevoir des paquets de dynamite : mais les fuyards n'ont pas eu le temps. Raffinement inutile : la voûte, si hardie, pend sur nous et nous nous hâtons de fuir son effondrement instant.

Par les rues et les ruelles barrées de moellons nous allons, grimpant aux gravats, chercher la place des maisons amies. Elles n'existent plus. Quelques demeures ont gardé une apparence ; on pourrait croire qu'il reste un espoir de reconstruction. Mais non : à voir les choses de près, il n'y a rien à faire. Ces malades sont pires que des morts. Pourtant, le lycée des Bons-Enfants où j'ai fait toutes mes études, où j'ai contracté de si vieilles et solides amitiés, est debout : d'avoir été une ambulance, l'a sauvé.

Et le cimetière ? Là aussi, nous avons des souvenirs chers. Un vague espoir nous soutient... Pas cela du moins... Eh bien, si même cela ! A première vue, le cimetière paraît intact ; deux ou trois rangées de tombes sont à peine effleurées. Mais voyez le raffinement : les deux ou trois rangées franchies, c'est le plus affreux sacrilège. Toutes les tombes ont, été profanées, toutes ont été ouvertes méthodiquement et pillées, mille, deux mille peut-être. Sur le fait, et sur l'intention, il ne peut y avoir de doute : dans certains caveaux, plus spacieux, il y a des tables et des chaises, des *bureaux* ! Des fonctionnaires s'y étaient installés, sans doute pour prendre registre de l'abominable déprédation. Je suis bien obligé de le dire. Comment me taire ? La tombe que je cherche, celle de mon père, est béante. Dans l'étroit caveau, il reste une échelle et quelques ais de bois ; rien d'autre. Rien !... Qu'ont-ils fait, mon Dieu ! Et il en est ainsi pour toutes nos familles saint-quentinoises. On a insulté la France jusque dans ses morts. L'hyène a creusé la terre pour détrousser les cadavres. Et pourquoi ? pourquoi ? Voler le plomb, voler les rares bijoux ?... Peut-être. Mais, surtout, piétiner, briser, déraciner ce brave peuple, ce peuple du Nord, si grave et si fidèle ; salir, si on le pouvait, le passé et l'histoire de la belle France.

Voilà comment ils auraient traité Paris !...

Les larmes sèchent sur le visage. Quelles émotions après celle-ci ? Le drame est à son comble. La ville est morte, le pays est mort, la campagne est morte ; et la poussière des morts est jetée au vent.

Comment reprendra la vie ? C'est la seule question, maintenant.

D'abord, il faut vivre : vivre pour qu'ils sachent, là-bas, que ce n'est pas fini et qu'ils paieront...

Ce que nous demandons, nous, c'est que tous ceux qui seront appelés à signer aux actes de la paix ou qui auront à les souscrire, à les voter, défilent ici et voient. Les hommes qui parlent en notre nom, chefs de gouvernements, ministres, diplomates, parlementaires, qu'ils viennent !... Il s'agit, messieurs, d'une chose que vous ne reverrez pas. Venez ! Nos morts parleront, notre terre parlera. Il leur appartient de dicter les premiers considérants de la paix. Il faut vivre aussi pour durer et pour restaurer. Comment se réparera l'immense détresse ? Problème, au premier abord, insoluble. Ces braves gens, les réfugiés, essaimés par toute la France et souffrant d'autres souffrances indicibles, veulent tous revenir tout de suite et à tout prix... En grande sincérité, leur retour par masse serait la plus dangereuse des aventures. Sans abri, sans nourriture, sans charbon, sans commerce, sans travail, sans foyer, la faim et la maladie les guettent. Par imprudence, par zèle, par illusion généreuse, courrons-nous au-devant de la faillite de la libération ? Retarder les grands retours, à tout le moins jusqu'au printemps, c'est une chance de succès pour la restauration future. Quelques rapides voyages individuels permettraient aux réfugiés de se rendre compte et de prendre leurs mesures.

Seule, l'armée, avec sa puissante organisation, peut occuper ces lieux : seule, elle peut déblayer le terrain, raser ce qui menace, soutenir ce qui tombe, conserver ce qui reste, réparer cc qui est réparable, bâtir là où l'on pourra bâtir, protéger l'embryon fragile dune renaissance. Il faut les grands outils pour ces grandes œuvres. L'énergie particulière est, d'avance, frappée d'impuissance.

Tel est le sentiment qui résulte pour moi de la vue des lieux et de ma ferme confiance en l'avenir. On parle du parrainage des grandes villes américaines. Je ne cloute pas que le monde entier, s'il connaissait celte misère, ne collaborât et qu'une contribution de toute l'humanité libre ne vienne en aide à ceux qui ont sauvé l'humanité et la liberté...

Mais, l'argent même ne suffira pas : il faut l'ordre, il faut la volonté persévérante, il faut l'amour, il faut la foi. Nos compatriotes ont tout cela : seulement, qu'ils se renseignent, qu'ils réfléchissent, qu'ils consultent et qu'ils se consultent avant d'agir ; et, surtout, qu'ils ménagent leurs forces. Dans quelques mois, ils reviendront avec des ressources plus larges, ils aborderont, avec plus d'énergie encore, étant mieux soutenus et plus éclairés, un sol à demi déblayé. Je les connais : ces âmes robustes sont capables de toutes les vertus, même des sages patiences.

J'ai vu la terre qu'ils aiment dans un état où il est trop cruel de la revoir. Qu'ils la traitent comme une convalescente, dont il faut respecter, quelque temps encore, le sommeil. Par eux et par eux seuls, à bref délai, elle se relèvera.

CHAPITRE IX. — L'AISNE A LA VICTOIRE.

I. — De Metz à Mayence.

(décembre 1918).

Le Maréchal Pétain m'a dit : Il serait bon qu'un historien français assistât au passage du Rhin par les troupes françaises... C'était une invitation et un ordre. Je suis parti. Avec les plus larges facilités, j'ai accompli le difficile voyage. A Metz, toutes les dispositions étaient prises ; le commandant Henry Bordeaux voulait bien m'accompagner.

La frontière franchie, et après avoir laissé derrière nous le rude spectacle de la guerre, nous arrivons dans la riante vallée de la Sarre qui, au fur et à mesure qu'elle s'éloigne de la zone des armées, reprend l'aspect tranquille des civilisations intactes. Nous avançons vers les Wald, vers la région montueuse du Hundsrück. Nous descendons les vallées, grimpons des collines. La nuit tombe. Les ombres s'épaississent ; l'horizon est bouché : cent kilomètres dans les ténèbres. Les phares éclairent au loin la route intacte : plus de cahots, plus de secousses ; l'automobile roule.

Des maisons de plus en plus pressées, un faubourg, des usines, des cheminées qui fument, des ateliers on des hommes travaillent sur un écran de flamme, des rues larges : et, soudain, l'arrivée sur une place en pleine lumière, des étalages jetant l'éclat de leur luxe sur la chaussée, une foule nombreuse qui se presse autour de l'automobile arrêtée ; curiosité, avances, complaisances même. En un mot, une cité pleine de vie, d'animation et de travail : c'est Sarrebruck, et c'est notre premier contact avec ce qu'était l'Allemagne de la guerre. Franchement, il y eut surprise. Le contraste est trop violent. Nous quittons la mort et nous trouvons la vie.

Mais il restait de nombreux kilomètres à faire avant le gite. La voiture rentre dans la nuit. Etroites vallées, hautes collines, horizons barrés. Nous ne discernons rien. La voilure ronfle. Parfois, un convoi attardé qu'il faut doubler sur la route trop étroite. Parfois, sur le pas d'une porte éclairée, le bonnet de police d'un poilu qui fait connaissance avec son logement. Puis, la nuit, da route, les collines, la barre infranchissable ; des villes, des villages, des bourgs à l'aspect cossu et calme. Toujours la barre devant nous.

Soudain, elle s'abaisse, s'aplanit, s'ouvre. Une ville ; déjà, elle a éteint à demi ses lumières. C'est Kaiserslautern. Nous gagnons le poste du commandement, le courrier, le quartier général. Accueillis avec la plus grande affabilité par l'une des plus nobles figures de l'armée française, par le général Fayolle, nous recevons les premières impressions, les premières directions ; nous sentons les premiers contacts.

D'ailleurs, du plus grand chef au plus simple des poilus, la réponse à nos questions est ta même : L'accueil n'est pas mauvais ; notre arrivée cause plutôt un soulagement. Ils avaient peur d'une révolution. Mais, sous cette réserve que nous comprenons très bien, il y a quelque chose qui se cache. Quoi ?... Est-ce de l'hostilité, est ce de l'embarras ? Ce serait plutôt une sorte d'attente. On veut nous voir venir et on combine une façon d'être générale et *par ordre* qui dépendra de la nôtre... D'ailleurs, lisez le discours prononcé, ce matin même, par le bourgmestre. Ce discours est fort bien, très habilement fait, comme on dit : mais il est fait, d'un bout à l'autre. Le maire dit : Nous nous appliquerons à vous donner satisfaction, quoique nous ayons beaucoup souffert... Vous sentez le système ; c'est celui de Solf : Ménagez-nous ; nous n'en pouvons plus. Et, au cas où vous nous demanderiez trop, ce ne serait pas de notre faute si à une bonne paix, bien tranquille et de tout repos. ne succédait pas, dans le plus bref délai possible, soit le bolchevisme, soit même la guerre.

Nulle menace, non ; mais une résignation, une plainte d'où naîtrait vite un reproche et une réclamation. Ces conditions sont posées dès le premier jour : on y suit comme un véritable chantage de gens pas fiers, mais qui ont reçu un mot d'ordre et fait leur plan.

D'apparence de révolution, aucune. Une grande crainte, une crainte exagérée d'un trouble quelconque porté au bien-être allemand, au confortable du bourgeois allemand, au travail allemand nullement interrompu : un bon vouloir mesuré au compte-goutte à condition qu'il soit profitable, en un mot, un calcul immédiat, supprimant le passé et cherchant à exploiter l'avenir. C'est le sens de tout ce qui se manifeste à première vue, jusque et y compris cette mesure significative qui nous est immédiatement signalée : la municipalité a pris sur elle, sans même qu'on le lui demandât, de prescrire l'enseignement du français dans les écoles primaires *le jour même de l'arrivée des troupes françaises*...

Le lendemain, à la première heure, nous étions dans la rue. Nous allons à l'entrée des écoles, à l'entrée des ateliers : c'est là, surtout, que l'on saisit les aspects de la vie populaire.

Des enfants, des enfants, des enfants ; ils accourent rie partout et se pressent en nombre extraordinaire : bien chaussés, bien vêtus, emmitouflés, les visages roses des petits blonds et des petits bruns (car ceux-ci sont nombreux dans ces pays de race celtique), toutes ces frimousses qui nous dévisagent, tous ces gosses familiers aux yeux luisants qui se pressent autour de l'automobile en regardant nos chauffeurs en uniformes, tous, tous sans en excepter un seul, ont bonne mine, les visages ronds et pleins : ils n'ont pas souffert. Quand je les compare aux pauvres enfants aux yeux cernés et aux figures attendrissantes et effarouchées de nos régions envahies

Les ouvriers nombreux, très nombreux, avec, parmi eux, beaucoup de jeunes hommes, quelques-femmes seulement. Et, visiblement, tous les cadres de la vie sociale intacts : les curés, les instituteurs, les employés de l'Etat et de la ville, en un mot tout ce qui pouvait être décemment *embusqué*, ils sont là tous et nous regardent... et nous attendent. A nos demandes de renseignements, ils répondent complaisamment, ils se détournent de leur chemin ; ils se rangent ; quelques-uns saluent. La réserve est marquée, elle n'a rien d'excessif... Au long des rues, notre placide poilu se balade les mains dans les poches, s'arrêtant aux étalages. demandant son chemin, de préférence aux demoiselles qui rient aux éclats... Enfin, rien de bien extraordinaire : le premier contact...

En route ! Nous voici, en plein jour, dans la campagne. Nous allons à Kreuznach et, de là, à Mayence, par le plus court, la vallée. La ville nous avait tout de mémo surpris un peu par son air de tranquille continuité des choses, par son aspect de n'avoir pas souffert. Aux champs, la même impression est infiniment plus vive : peu s'en faut, notre surprise irait à la stupéfaction.

Cette campagne est toute étroite, resserrée, ramassée, le long de la rivière et de la route ; ce n'est qu'un long alignement de prairies et de jardins ; à droite et à gauche, le terrain, qui se relève, fait un double rempart de collines boisées. Terre âpre et puissamment construite pour la défense militaire. L'histoire nous l'a appris, d'ailleurs : ce sont les fameuses lignes de Kaiserslautern, cette citadelle des provinces rhénanes, qui domine les entrées d'Allemagne en France et interdit les débouchés de France en Allemagne. Qui tient cela tient notre porte : ils le savaient bien ; et c'est pourquoi ils ont donné cette terre à la Prusse, les négociateurs de 1815 !

Dans les villages et les bourgs, encore les enfants, si nombreux qu'ils forcent le chauffeur à manœuvrer sans cesse. Mais ici sa tâche se complique d'une autre ; plus nombreux et plus gênants encore les barrages de poules ; elles pullulent et elles s'effrayent, et elles s'ébrouent, et elles piaillent !...

En théorie, une poule se jette toujours sous une voiture ; mais quand il y a mille poules ?... Il n'empêche, quand on pense que la poule se nourrit des mêmes grains que l'homme, cela donne à réfléchir. Les chevaux attelés aux voitures, aux charrues, aux machines agricoles sont partout, dans les champs et sur les chemins... Je pense à l'état de notre cavalerie ; celle-ci est vraiment trop reluisante... Je dis ce que j'ai vu... Et les fumiers ! Ah ! les fumiers entassés et fumants. Fumiers révélateurs t On ne voit que quelques vaches, quelques moutons ; des bœufs davantage. Mais les beaux fumiers malodorants, si récemment entassés dans les cours des fermes et se préparant à partir pour les champs ?... Les vaches sont quelque part. Ces fumiers ne sont pas venus tout seuls !... Les champs sont bien tenus, tous cultivés ; pas un are de terrain abandonné. La vigne labourée, sarclée, rattachée, bichonnée ; pas un sarment tramant ; la paille des liens est toute fraîche. A perte de vue, dans la vallée qui s'élargit, le damier des champs alterne ses carreaux verts et roux ; le blé frissonne aux premières bises de l'hiver : il est fort et bien enraciné. Je pense à nos terres, à nos meilleures terres, — incultes ; à nos champs, — noirs de chardons... Ils ne l'ont donc pas eue, la guerre ?

Nous avançons. Une ville d'eau : Kreuznach.

Autre état-major, aussi largement accueillant... Le général Mangin a pris ici la place de Guillaume La salle à manger de l'Empereur, le cabinet de l'Empereur, la table de l'Empereur... Il est loin le bonhomme !

Départ nouveau. Nouvelle randonnée. Arrivée à la chute du jour par une pluie battante. Nous, sommes à Mayence.

En vérité, l'historien est venu pour cette heure et je voudrais revivre quelque chose de notre histoire ici. Mayence... César, la Révolution, le siège par les Français, Napoléon I... Il s'agit bien de cela... Le présent ne nous lâche pas.

Au premier aspect, la ville est renfrognée, peu accueillante, toute sombre et noire sous les crêpes de la pluie. On nous a logés chez l'habitant : car on voulait que nous l'approchions. Intérieur du plus épais confortable. Des tapis, des bois sculptés, des rideaux à triples plis, de hauts plafonds lourdement décorés, des murs en chocolat, des chambranles en caramel : un air de luxe bourgeois surabondant et grossier. Et des cuivres, des cuivres ! Il y en a partout. On nous a arraché tous les nôtres, parce que l'Allemagne en manquait. Et voici, sur cette table, huit cendriers en cuivre : voici, sur cette cheminée, tous les affreux ornements de cuivre dont ne se lasse pas le goût boche : des pendules, avec, derrière, des plats moyenâgeux, des petits puits- en cuivre, des petites armoires à glace en cuivre, des bibelots, ah ! quels bibelots ! en cuivre, des appliques, ah ! quelles appliques ! en cuivre ! Mon Dieu ! mon Dieu ! nos jolis lustres, nos admirables chandeliers d'église, nos fonts baptismaux, nos cloches, nos dinanderies, nos chefs-d'œuvre de tous les siècles mis à la fonte pour sauver ces ordures !... Mais, prenez-y garde : ceci est symbolique ! L'Allemagne a rompu la guerre pour garder JUSTEMENT CELA. Ce qu'elle a sauvé, c'est son bien-être. Elle n'a pas voulu être pillée après avoir pillé.

Je faisais ces réflexions en m'enfonçant dans le lit extraordinairement moelleux du richard mayençais qui, en un très bon français, prétendait protester contre mon intrusion — par ordre — dans son domicile. Mais je lui fis savoir que je n'entendais pas la plaisanterie et qu'il ne me mettrait pas dans la rue : Monsieur ! Les vôtres sont venus dans ma maison ; ils ont bu mon vin, vidé ma cave, emporté tous mes meubles, pris mes matelas, mon linge, mon argenterie, mes cuivres, et puis ils ont détruit ma maison. Je suis ici chez moi... Mais, soyez tranquille, je m'en irai le plus tôt possible. Car votre maison est affreuse, et la mienne, toute blanche dans son délicieux Louis XVI, était, Monsieur, une chose exquise... Il comprend le français, mais il n'a pas compris cela.

Il faut dormir. Car demain, à la pointe de l'aube, le général Leconte, qui est un compatriote rencontré ici, — avec quelle joie ! — m'a averti : A la première heure, il faudra être *sur le pont*. Le régiment de Saint-Quentin, le 287e, passera, le premier, le Rhin. — Nous y serons, mon général !

Le général Leconte, le général Caron et le 287e, tous trois de Saint-Quentin. Enfin !... On carillonne à Saint-Quentin !...

II. — Le passage du Rhin.

A l'aube, nous étions sur le pont de Mayence. La division du général Leconte devait prendre possession de l'autre rive à sept heures. Nous avions décidé de la devancer, de passer le Rhin et de l'attendre.

A Mayence, le fleuve est d'une ampleur majestueuse. Il roulait ses flots pressés et gris sous]es brumes de la nuit drapant encore toute la vallée ; cependant, une pâle lueur s'essayait à percer les nuages ; une teinte rose, d'une délicatesse infinie, se répandait dans l'atmosphère et caressait nos régiments au fur et à mesure qu'ils s'amassaient sur le rivage.

La circulation était déjà active sur le pont long et étroit, orné de pylônes, flanqué, à l'entrée, de quatre lourds pavillons et dont les huit arches métalliques enjambent, d'un bond, le large cours du fleuve.

Le général, entouré de son état-major, arrive à cheval ; il met pied à terre à l'entrée, s'engage sur la chaussée et donne l'ordre de faire cesser immédiatement la circulation. La foule fut bloquée aux deux extrémités, et l'espace apparut vide. On attendait dans le silence le coup de sept heures. Le général Caron et son état-major avaient rejoint le général Leconte.

Sept : heures ! Les tambours battent, les clairons sonnent ; le défilé commence. Le 287e régiment d'infanterie — le régiment de Saint-Quentin — s'engage sur le pont : huit par huit, baïonnette au canon, enfonçant leur pas lourd sur la chaussée qui commençait à trembler, les rangs des hommes surgissaient et grandissaient en s'avançant vers le général qui s'était placé juste au point culminant de l'arche centrale, son fanion derrière lui.

Le régiment montait. La clique d'abord, tapant et sonnant à tour de bras et à perte d'haleine. La musique s'engouffrait à son tour et bientôt la vallée entière était remplie par les longs échos du chant militaire. Les deux rives s'animaient et répondaient l'une à l'autre. Sambre-et-Meuse scandait le pas héroïque. Les soldats s'approchaient ; on distinguait les traits de leurs visages rudes : les cyclistes, les hommes tenant les chiens en laisse, le premier détachement, le capitaine saluant du sabre. Ah ! qu'il était beau ce soldat d'une forte corpulence, bien assis sur son cheval et rendant l'hommage de la troupe à son général, les yeux dans les yeux. Nous buvions son geste et il passait, gravement.

Les hommes, la tête tournée vers le képi à la couronne d'or, défilaient par rangs et perçaient à leur tour, de leurs regards terribles, le chef ! Les figures mâles, tout en se contenant sous les armes, souriaient à l'idée du long rêve réalisé !

Comme le drapeau allait passer devant lui, le général, rendant le geste de l'épée, dit à mi-voix, aux officiers qui l'entouraient : Messieurs, n'oublions pas : nos morts passent... Un frisson parcourut l'escorte.

Et les morts, en effet, avaient pris le pas. Ils étaient là. Le drapeau les avait amenés dans ses plis : j'en atteste l'immense paysage, soudain illuminé. Le pont lui-même, ayant pris la cadence de la troupe qui s'emparait de lui, le pont se mit à trembler ; et, bientôt, selon le rythme des pas et de la musique, il dansait.

Baïonnette au canon, huit par huit, les soldats défilaient. La charge écrasante du fantassin en campagne ne pesait guère, ce jour-là, sui les épaules. Gros et massifs, ils apparaissaient sveltes et prompts : les grands, qui sont les premiers, les petits qui suivent en allongeant le pas, tous avançaient légère... légèrement. Le pont, de son balancement, les soulevait. Les casques bleus faisaient un long serpent d'acier, et les baïonnettes le hérissaient de leurs pointes. Les compagnies succédaient aux compagnies, — et, toujours, ces visages blancs dans le matin, que la moustache noire barrait terriblement.

Après l'infanterie, ce furent les canons. Les 75, drapés dans leurs manteaux noirs, roulaient, et ils étaient tenus en laisse comme les chiens. Après les canons ; les convois, les charrettes, les ambulances, l'interminable file des voitures tramées par des chevaux efflanqués, haridelles impressionnantes aux poils longs et usés, aux harnais rattachés de ficelles ; tout le train des équipages aux capotes bossuées, couvert encore de la poudre et de la boue des longs chemins, mais tous roulant, dans leur train épuisé et magnifique, le dur labeur des lentes espérances et des efforts désespérés.

Tandis que ce formidable arroi allait de l'une à l'autre rive, la foule, aux deux extrémités, s'était amassée et restait muette de stupeur.

Qu'éprouvait-elle ? Quelles comparaisons se heurtaient en son souvenir ? Quels rêves écroulés ? Quels deuils sans consolation ? Qui sait, peut-être déjà, quel rêve renaissant ?... Comprenait-elle ? Réalisait-elle ? On n'eût pu le dire. Les cous étaient tendus, les fronts plissés ; les yeux écarquillés absorbaient le spectacle. Mais, des sentiments eux-mêmes, rien n'apparaissait. La violence du coup asséné ne laissait sans doute pas à l'émotion le temps de se ressaisir. Dans ce que l'on pouvait deviner, il ne semblait pas qu'il y eût de la haine. Non ; ce peuple (car, ici, tout était peuple), ce peuple plutôt acceptait. Il s'inclinait. Et peut-être même commençait-il à s'orienter... Partout où la France arrive, quelque chose se met en mouvement. On eût dit que nos poilus, tranquilles et sûrs d'eux-mêmes comme des hommes libres, avaient commencé déjà l'emprise de la liberté.

Deux régiments devaient se suivre. L'autre était le régiment de Commercy (il était juste que la Lorraine fût à l'honneur). Mais il y eut un temps d'arrêt. Le général eut la belle pensée de défiler avec ses soldats et de passer le pont entre les deux régiments. Il s'avança à pied, suivi de son état-major... La foule hésitait. Elle ne comprenait pas ce geste si simple. Sans doute, elle ne savait pas quel était ce piéton couronné d'or.

Mais, comme si la voix de la France populaire, c'est-à-dire la voix de l'esprit, de l'à-propos et de la grâce, ne dût pas être absente de cette heure unique, — même sur ces bords hostiles, — voici ce qui arriva : tandis que le général s'approchait de la foule et que la foule ne se rangeait pas, une voix de femme s'éleva et on entendit, dans le plus pur accent de Montmartre, ces mots : — Eh mais ! c'est pas de la poussière ! Y a un général français ! Et une jeune femme, les bras tendus, faisait reculer ce monde qui serrait le général de trop près, et la foule obéissait. Je regardais la femme : elle était jeune, assez jolie, les yeux noirs, les cheveux châtains, la mise simple, une vraie Française de France, avec un sourire de gaieté et de satisfaction pas fière. Le général entendit et salua gentiment du regard.

Que faisait-elle là, cette femme seule et jeune ? Quel destin l'avait assignée en ce lieu pour expliquer, de la parole et du geste, à ces ignorants, la scène dont ils étaient les témoins ? Sur leur propre rivage, ces hommes lui obéissaient sans comprendre. Que d'autres choses ils apprendront encore de ces confidences sublimes que les peuples font aux peuples...

Nous, nous avions compris, et jusqu'au fond du cœur. Devant le Rhin immense, roulant des flots d'histoire, ce n'était pas de la poussière : y avait un général français.

III. — L'Entrée à Mayence.

L'entrée de l'armée Mangin, qui doit occuper Mayence, était fixée au 14, à une heure et demie. Nous avions donc deux journées à employer dans la ville elle-même. Nous primes le parti le plus simple : aller et venir en promeneurs le long des rues, entrer dans les boutiques, visiter le musée, le dôme, l'Université, en un mot flâner en regardant.

Au premier aspect, la ville est intacte ; train-train normal ; malgré la guerre, la vie a continué. Tramways bondés de monde et roulant à grand bruit, chaussées de bois bien entretenues, gens affairés se pressant sur des trottoirs bien nettoyés. Pas d'automobiles, très peu de fiacres. La ville, d'ailleurs, n'est pas très grande, et c'est à pied qu'hommes et femmes, ouvriers et bourgeois circulent dans les rues étroites ; des enfants en quantité ; il en sort de partout. Ils sont convenablement habillés et chaussés, avec, souvent, le petit calot du soldat. Ils accourent en foule autour des automobiles militaires et grimpent sur les marchepieds en criant : Boniour, msié : boniour, msié ! Ils se sont vite adaptés à l'Occupation et exploitent effrontément l'embarras où sont les conducteurs français pour trouver leur chemin : sous prétexte de nous conduire, ils se font promener d'un bout à. l'autre de la ville, à la recherche d'une rue qu'ils avouent finalement ne pas connaître.

Les étalages sont bien garnis. Aux vitrines des pâtissiers, gâteaux, éclairs, chocolats, babas... Hélas ! je ne suis pas gourmand !... Mon compagnon de route considérait les tartes, rondes comme des pleines lunes, avec une envie d'homme privé depuis des années. Dans les magasins de nouveautés, les robes et les manteaux aux étalages sont du goût que. vous devinez, le vert prune et les jaunes caca d'oie dominent ; mais les prix sont abordables : un manteau de femme en drap ou en velours avec col de fourrure et revers de manches, 270 marks, 300 marks, 350 marks. Comptez que le mark de 1,25 est à 0,70 centimes : ces prix ne sont pas excessifs. Les souliers, les bottines, les chapeaux sont, à proportion, moins chers qu'en France. J'aurais bien voulu rapporter un veston en cette fameuse étoffe de papier : Ai-je mal cherché ? je n'en ai pas trouvé.

Sur les boulevards neufs, bordés d'édifices cossus, des groupes se forment. Je m'approche : des bourgeois, en chapeaux haut de forme, leurs femmes vêtues décemment et convenablement, s'attroupent autour d'un kiosque où l'on vient d'afficher la proclamation imprimée en français et signée : *Le maréchal de France, commandant en chef des troupes alliées : FOCH*. La traduction en allemand est à côté. Les bourgeois s'arrêtent, lisent lentement, attentivement, ne disant pas un mot, ne se regardant même pas entre eux ; ils rejoignent leurs épouses qui les ont attendus et n'échangent pas avec elles le moindre propos. Parfois, un regard est coulé vers moi, et on s'éloigne. Où vont ces personnes de bonne apparence ? Assister au défilé des troupes françaises ?... Non. Je ne les ai pas retrouvées un peu plus tard, à la place du Dôme. Sans doute, à la messe ou à un enterrement. La vie continue.

Je suis entré chez un libraire. Pour mon *Histoire de la Guerre*, j'ai besoin de livres allemands. Je vais pouvoir me garnir les mains. Livres relatifs aux questions militaires et aux opérations de la campagne, livres sur les mouvements politiques en Allemagne, romans, drames, poésies, je veux tout voir... On m'apporte un énorme fatras d'ouvrages de propagande parmi lesquels je choisis... En vérité, peu de chose. Plutôt désappointé, j'interpelle le libraire : — Dites-moi, est-ce que pendant les quatre années de guerre, il n'a pas paru, en dehors de cette propagande, un livre de valeur ou seulement ayant eu un réel succès, ayant atteint les grands tirages ? — Non, monsieur, aucun. — Comment ces puissantes émotions militaires et patriotiques de tout un peuple, le drame de la guerre lui-même, et puis les souffrances, les séparations, les retours, la mort, tout cela n'a rien donné ? — Non, monsieur, il n'y a rien que ce que vous voyez-là ou, plutôt, si, il y a un succès, un seul succès, il s'agit d'un livre français... — N'avez-vous pas quelque curiosité de bibliophile ? — Voilà, monsieur, ce qui s'est fait de mieux et de plus nouveau ; et le marchand me tend deux volumes : la *Manon Lescaut*, de l'abbé Prévost et *les Fleurs du Mal*, de Baudelaire imprimés tous deux en *français* à Leipzig avant la guerre !

Comment ne pas conclure que l'intellectualité de ce peuple s'arrête quand les communications avec la société européenne sont suspendues ? Que l'on compare le nombre d'excellents et de beaux livres parus en France depuis quatre ans et demi. Aucune source n'a été tarie chez nous ; la production littéraire n'a fait qu'alimenter — et encore avec peine, — le moulin pangermaniste.

Ne concluez nullement que cette propagande ait eu, elle-même, une grande puissance de pénétration : ce serait mal connaître notre ennemi. Il n'avait nullement besoin qu'on l'excitât. Le livre de Naumann seul répondait à cette aspiration : La conquête du monde pour enrichir l'Allemagne : un point, c'est tout. La guerre était donc engagée comme une affaire, à condition que le risque ne dépassât pas les chances de gain. Quand la balance oscilla, on commença à réfléchir. Il y a longtemps que le peuple allemand a fait révolution de Maximilien Harden : l'entreprise tournant mal, la preuve étant faite qu'elle ne paierait pas, le parti fut vite pris d'y renoncer...

Pourquoi alors le peuple a-t-il tenu si longtemps ? — Parce qu'il a naturellement l'échine pliée. — Et pourquoi donc a-t-il relevée finalement ? — Parce qu'il a senti son bien-être menacé. Voilà l'explication toute simple : il n'y en a pas d'autres. L'Allemand n'a pas voulu subir ce qu'il a fait subir aux autres.

Bourgeois, ouvrier, il a, maintenant, en lui, enfoncé jusqu'aux moelles, le goût, le besoin, la passion du bien-être. Risquer sa vie, soit ; mais non pas son confortable, la douceur du foyer, les bonnes heures de la godaille et de la mangeaille. Une bombance commune plus ou moins pantagruélique, telle est, au fond, la conception nationale la plus répandue. Tant que la guerre a donné satisfaction à ces goûts, on l'a supportée même avec ses dangers : car on sait bien qu'il faut payer. Mais, du moment où le but est manqué, on renonce. Et on change son fusil d'épaule. Il s'agit maintenant de sauver et de développer par la paix ce que la guerre a failli perdre.

Les journaux, et notamment les journaux illustrés allemands, sont curieux à feuilleter en ce moment. Dans l'*Illustrirte Zeitung* vous ne trouveriez plus une seule image relative à la guerre : plus un canon, plus une tranchée, plus un tableau militaire, sauf, peut-être quelque scène de démobilisation et de retour au foyer. Par contre, l'appareil d'une réorganisation pacifique rapide et à laquelle tout est sacrifié. Des images représentant des moissonneuses, des machines à imprimer ou à tisser, des articles sur les perfectionnements industriels ou agricoles. Sur la couverture, la colossale loterie des chevaux à Francfort, avec une publicité représentant un bon paysan allemand qui mène son bidet la bride passée au bras paisiblement. Le principal dessin montre un mineur, la pioche à la main, les manches relevées, avec la devise : Et maintenant, au travail !...

Nos braves soldats, tout de bleu vêtus, assistent à cette résurrection. Sous leurs yeux, les ateliers s'activent, les cheminées fument, les hauts fourneaux se rallument, les chevaux reviennent aux champs. Ils entendent dire, qu'à Berlin, les soviets ont fait la Révolution. A Mayence, il n'y parait pas. L'ordre social est maintenu. Le efrit qui conduisait hier nos officiers chargés de faire le logement de l'armée Mangin se trouvait être, comme par hasard, un général...

L'heure était venue d'aller au-devant de l'armée française faisant son entrée. Sur la place du Dôme, assez étroite, une haie de fantassins contenait les habitants, en somme peu nombreux, venus pour assister au spectacle. La scène était dominée par la lourde église romane aux contreforts puissants soutenant l'architecture massive et rouge de la tour centrale et des clochers...

Une automobile : c'est le général Gouraud, venu de loin pour saluer, à Mayence, le chef du groupe des armées du centre, le général Fayolle. Gouraud est vêtu de kaki. Il met pied à terre et attend. Tout en lui révèle la noblesse du caractère, la simplicité antique de l'esprit et du cœur. Noble soldat ! Nous sommes si fiers (l'avoir de tels hommes...

Les tambours ; la musique militaire s'approche ; le pas des soldats retentit. Voilà le général Fayolle. Il est vêtu de bleu horizon et monte un superbe cheval noir. Ses cheveux blancs portent la couronne d'or. Il s'approche de Gouraud, salue, tend la main, puis se place à la tête de son état-major, *face au dôme*. La figure imposante du grand chef, sa Main qui caresse doucement l'encolure du cheval, l'air réfléchi et grave d'un homme sur qui pèse de lourdes responsabilités, tout élève peu à peu nos âmes. Nous sommes à l'unisson de ces heures uniques. On se sent ailleurs, bien loin du grossier matérialisme que la ville sue par tous les pores. Le premier défilé s'achève. Sur un cheval bai, Mangin, vêtu de la culotte à bande et du dolman noir, s'avance, salue le général Fayolle et accompagné de son escorte, se range en face, de l'autre côté de la place. Mangin est pale, légèrement tassé, se ressentant, sans doute encore, des suites de son accident. Les troupes défilent entre les deux généraux.

Le peuple de Mayence n'est pas là. Sur un mot d'ordre, sans doute. ou par un sentiment, d'ailleurs naturel, il s'est tenu renfermé dans ses maisons. La foule est composée de gamins, de boutiquiers du voisinage, ou de ces hommes à double visage, policiers ou espions. Mayence ne veut pas dire et ne veut pas laisser deviner encore ce que la ville, qui fut française, éprouve à l'entrée des armées de la République.

A mon avis, Mayence ni le reste de l'Allemagne n'exprimeront leur véritable pensée d'ici longtemps. Ils tombent de trop haut. Leur esprit n'est ouvert, pour le moment, qu'à une seule et unique préoccupation : sauver, si on le peut, ce que quarante-cinq années de prospérité ont accumulé de bénéfices sociaux et particuliers... Après, on verra. Quelqu'un m'a répété ce propos d'un Mayençais : Maintenant que les Français sont ici, ils ne s'en iront pas... Ce ton résigné ne m'étonne pas.

Encore une fois, on prend une position d'attente. Si la Révolution gronde. si le bolchevisme gagne. si le bien-être est menacé, nous serons des sauveurs : en attendant, on est sur le plateau et on repart pour le travail, tandis que la France dévastée, est au fond de l'entonnoir. Telle est selon mon impression, la philosophie de ces courtes heures.

Fayolle caressait doucement l'encolure de son cheval noir... Qu'il reste là, debout, dominant la foule, le général français ! Car, pour handicaper la terrible concurrence allemande s'enlevant déjà et au galop, la civilisation, la justice, ont besoin de lui, là, — et pendant longtemps.

CHAPITRE X. — CONCLUSION : L'AISNE DÉVASTÉE.

Sur ces rivages on César. Clovis. Jeanne d'Arc, Dumouriez, Napoléon ont combattu, nos chefs et nos soldats ont combattu à leur tour et ils ont eu, une fois de plus, le dernier mot. Après de terribles alternatives, la France a toujours tenu, elle a toujours vaincu. Hier, en passant au milieu de ces soldats venus de toute la France et même des Pyrénées pour défendre la frontière fraternelle, j'avais le sentiment immédiat, actuel, présent. qu'il en était aujourd'hui comme il en avait été jadis et que tant de fidélité, de courage et de dévouement n'avaient qu'un couronnement possible, la victoire.

Mais cette victoire, de quel prix faut-il la payer ? Nos populations ont tant souffert, elles souffrent tant tous les jours I La première vague de douleur fut poussée par l'invasion. Devant elle s'enfuirent ceux qui avaient appris par une rumeur terrifiante. les faits abominables qui s'étaient passés en Belgique. Aucune loi divine ou humaine ne contenait ces hordes barbares. Les ordres des chefs les excitaient, au contraire. L'ivresse du sang et l'ivresse du vin affolaient leur offensive ; bientôt, dans leur fuite, elles devaient laisser après elles, le ravage et l'immondice.

Qui racontera les drames infinis, les drames cruels, atteignant, dans chaque famille, dans chaque individu, les sources mêmes de la vie ? Je vois encore cette jeune femme aux yeux hagards, qui, l'une des premières, me raconta son odyssée. Elle était à Saint-Quentin dans sa famille. Soudain le bruit se répand : — Ils arrivent ! Elle s'attarde quelques heures ; puis comme le canon s'approche, elle court à la gare, sa petite valise à la main. Le dernier train est parti, il faut aller jusqu'à Tergnier ! Elle se décide et la voilà en route, à pied pour Tergnier. Elle arrive à Tergnier. Le dernier train est parti. — Ils arrivent ! il faut partir ! En route pour Laon ! La nuit est noire. Elle marche, elle court, les forces lui manquent ; elle s'assoit sur le tas de cailloux ; on dirait qu'on la poursuit ; des galops au loin ; des chiens qui hurlent. Elle marche, elle court, elle tombe. Nouvelle terreur elle repart. Enfin, elle arrive à Vaux-sous-Laon. Personne ne la connaît ; elle demande l'hospitalité au curé. Elle est reçue parmi les autres femmes serrées les unes contre les autres et qui pleurent. Elle s'endort. Mais quelqu'un entre : Un prêtre, la soutane déchirée, les mains et la figure ensanglantées ; et ce sont des histoires terribles, des paroles haletantes : des femmes ont été tuées devant lui comme il était dans son confessionnal. — Ils arrivent ! Il faut partir. Et la pauvre femme repart pour Reims où un autre drame la ressaisit bientôt...

Nos familles ont connu ces heures ; aujourd'hui les déracinés sont nos réfugiés. Ils sont un peu partout, sur le territoire français implorant l'hospitalité de ceux qui n'ont pas connu de tels maux. 162.000 peut-être pour le département de l'Aisne, plus de 1.600.000, dit-on, pour l'ensemble des départements envahis. C'est pou ; venir en aide à ces misères accrues chaque jour que s'est constitué le Comité de l'Aisne. Il a distribué l'argent, les repas, les vêtements, attribué des logements, aidé pour la distribution des allocations, pour obtenir du travail, des emplois, pour regrouper les familles, rechercher les noms, reconstituer une sorte de petite patrie provisoire (que ces mots sont durs !) au sein de la grande Patrie.

Et ce ne sont pas toutes nos tâches ; ceux dont je viens de rappeler l'odyssée ne sont pas encore — le croiriez-vous ? — ceux qui ont le plus souffert. La barbarie teutonne s'est surpassée elle-même dans les violences dont elle a usé à l'égard des populations restées au delà de la zone de feu. Renouvelant les exploits des négriers en Afrique, elle s'est abattue sur elles, et, choisissant en vertu d'on ne sait quelle raison obscure, elle a razzié les hommes, les femmes, les enfants, les vieillards, et les a traînés en esclavage. Ce sont ces malheureux que, par un euphémisme inacceptable, nous appelons les prisonniers civils. Donnons-leur le vrai nom : ce sont des esclaves.

Sans motif, pour le plaisir, pour faire le mal en soi, comme ils l'avouent eux-mêmes, des soldats, sur l'ordre de leurs chefs, ont lié nos infortunés compatriotes et les ont conduits souvent à pied, à peine i nourris, à peine vêtus, pendant des lieues et des lieues jusqu'en Allemagne, sous l'injure et le crachat des populations ennemies, et là, ils les ont parqués comme des bêtes dans les camps de concentration.

Leurs souffrances furent indicibles. Ceux qui revinrent avaient tant supporté qu'ils avaient parfois perdu jusqu'au souvenir de leur passé ; il en est qui ne pouvaient même plus dire leur nom.

A ces amis, aussi, à ces frères nous devions le réconfort physique et le réconfort moral. Autant que des restrictions scélérates nous le permettaient, nous leur envoyions, du moins, une bouchée de pain.

Et nous avions nos prisonniers de guerre ! et nous avions nos soldats au front ! nos permissionnaires qui n'avaient plus de famille et qui venaient frapper à notre porte Et nous avions les grandes vagues des rapatriés qui, parfois, nous arrivaient par centaines, par milliers, et qu'il fallait aider tous, et tout de suite...

Oui, cette guerre, préparée comme un guet-apens, déclenchée comme un piège, conduite comme un brigandage par l'ennemi violent et grossier que 1870 n'avait pas assouvi, cette guerre, la France l'a subie. Surprise, dans son rêve pacifiste, elle a, tout d'abord, sous l'attaque imprévue, plié et touché le sol. Mais le sol national a revivifié ses forces : et, maintenant, aidée de ses alliés, elle tient son ennemi à la gorge et ne le lâchera pas.

Tant de souffrances ne seront pas perdues. Ceux qui les ont supportées savent, et l'histoire le répétera indéfiniment, — qu'ils ont été les martyrs de la bonne cause, que leurs sacrifices serviront de rédemption aux générations futures, qu'après la leçon reçue, les éternels agresseurs se calmeront que c'en sera fait, une bonne fois, de la Barbarie, car le Droit aura eu pour lui la force et la justice aura frappé, de son glaive, les violateurs impies de la loi de justice, d'amour et de liberté.

L'autre jour, dans un de nos villages, j'ai vu un de nos compatriotes, un de nos poilus permissionnaires qui prenait dans ses bras et embrassait son enfant émerveillé du casque d'airain :

Eh bien oui ! dit le père, je suis un soldat ! Je t'ai quitté depuis quinze mois, et je vais te quitter encore ! Car nous, les pères, nous nous battons pour que vous, les enfants, vous vous reposiez enfin dans la paix que nous avions rêvée. Ils finiront bien par le comprendre les maudits : c'est parce que nous voulons cette paix que nous mènerons cette guerre, JUSQU'AU BOUT !

Soldats et civils, tous ont fait leur devoir. Ils ont gardé et ils ont sauvé chaque jour, pied à pied, un lambeau de la terre de France. Ils l'ont sauvé, rien qu'en lui restant fidèles : ils étaient là ; ils vivaient, ils mouraient pour elle.

L'Aisne a vécu quatre ans et demi sous les armes. Et l'ennemi est chassé. Ses lourds bataillons sont partis comme un vol de corbeaux par une matinée d'hiver. Les mauvais jours sont finis.

Ces belles contrées ont à reprendre, maintenant, comme elles l'ont repris si souvent, le travail de leur vie séculaire, la confiance dans l'avenir, la joie de la paix retrouvée et de l'honneur conquis.

Et voici, maintenant, toute ma pensée : je ne doute pas, quant à moi, que cette crise terrible ne soit, pour elles, une nouvelle leçon de dévouement au rie pays, d'énergie au travail, de relèvement intellectuel et moral. Ces générations n'auront qu'à voir ce qu'elles ont fait pour vouloir rester dignes d'elles-mêmes !

Et, comme l'art est toujours la consécration de la noblesse des sentiments et de l'ascension vers l'idéal, cette Toscane et cette Ombrie, puisera, aux sources vives de l'éternelle beauté, des inspirations toujours nobles et toujours belles.

Reims, Soissons, Vailly, vous revivrez comme revivront tant d'autres villes martyres ! Vos malheurs et votre courage inspireront éternellement les œuvres et les pensées sublimes ! Les siècles répéteront, à tout jamais, la grandeur de votre sacrifice ! L'histoire s'honorera de toucher vos plaies de sa main la plus douce : la poésie chantera vos hauts faits. Vous êtes le pays de La Fontaine et de Racine, d'Alexandre Dumas et de Michelet ! Vous êtes le pays des cathédrales et de l'art français. Tous les arts fleuriront de nouveau pour vous faire des couronnes de gloire immortelles, — rivages, falaises et coteaux de l'Aisne, tant jolie et délicieuse contrée où bat le cœur de notre France !

FIN DE L'OUVRAGE